EDAF

MADRID - MÉXICO - BUENOS AIRES - SAN JUAN

OPHIEL

ARTE Y PRÁCTICA DE LA CLARIVIDENCIA

Una guía para desarrollar el poder latente de la clarividencia

TABLA DE ESMERALDA
Bolsillo

Título del original: THE ART AND PRACTICE OF CLAIRVOYANCE

© De la traducción: ÓSCAR BORDOY

© 1969. Ophiel
© 2002. De esta edición, Editorial Edaf, S. A., por acuerdo con Samuel Weiser, York Beach, Maine (USA)

Editorial Edaf, S. A.,
Jorge Juan, 30. 28001 Madrid
http://www.edaf.net
edaf@edaf.net

Edaf y Morales, S. A.
Oriente, 180, n.º 279. Colonia Moctezuma, 2da. Sec.
15530. México D. F.
http://www.edaf-y-morales.com.mx
edaf@edaf-y-morales.com.mx

Edaf del Plata, S. A.
Lavalle, 1646, 7.º, oficina 21.
1048 Buenos Aires (Argentina)
edafal1@interar.com.ar

Edaf Antillas, Inc.
Av. J. T. Piñero, 1594 - Caparra Terrace (00921-1413)
San Juan, Puerto Rico
forza@coqui.net

Abril, 2002

No está permitida la reproducción total o parcial de este libro, ni su tratamiento informático, ni la transmisión de ninguna forma o por cualquier medio, ya sea electrónico, mecánico, por fotocopia, por registro u otros métodos, sin el permiso previo y por escrito de los titulares del Copyright.

Depósito legal: M. 12.761-2002
ISBN: 84-414-1094-1

PRINTED IN SPAIN   IMPRESO EN ESPAÑA
Gráficas COFÁS, S.A. - Pol. Ind. Prado de Regordoño - Móstoles (Madrid)

DEDICATORIA

Este libro está dedicado con profunda emoción a mi antiguo amigo Tony (¡quien probablemente nunca leerá ni una sola palabra del mismo!).

Índice

	Págs.
Prefacio	11
Prefacio adicional	19
Usted es clarividente por naturaleza	23
Las categorías de la existencia física	33
Elevación de los planos	55
Líneas «pegajosas» de materia astral	61
Clarividencia general	69
Clarividencia especial	73
Clarividencia divina. Iluminación	77
El Cuerpo de Luz y las imágenes de Dios	81
La Luz Astral	83
Las contrapartidas y el «otro» mundo	101
El ritual de la Cruz Cabalística para la visión clarividente especial	109
Tipos semifísicos de clarividencia	121
Un espejo mágico y la clarividencia	141
Las dos mentes	149
El arte y la práctica de la clarividencia	159

Prefacio

La razón de ser de la existencia física es una cuestión candente a la cual no se puede dar una respuesta sensata. Al menos yo no la puedo dar.

¿PARA QUÉ ESTAMOS AQUÍ?

¿POR QUÉ ESTAMOS AQUÍ?

Yo no puedo contestar a estas preguntas, ni ninguna otra persona puede hacerlo. Cada chiflado en este mundo trata de dar alguna respuesta, pero sus respuestas son falsas. Nadie lo SABRÁ nunca (¿solo después de la muerte?) (¿y después?).

Como ya he dicho en mis anteriores libros y artículos: «Todo lo que puede realmente SABER sobre esta existencia física es que TIENE CIERTOS PODERES DEFINIDOS. TIENE, no algún maestro imaginario no-existente, Y TODO SU OBJETIVO EN ESTA VIDA FÍSICA ES DESCUBRIR, Y DESARROLLAR, ESTOS PODERES, Y UTILIZARLOS, Y CONQUISTAR ESTE PLANO FÍSICO, Y SER FELIZ AQUÍ, MEDIANTE LA UTILIZACIÓN DE SUS DIVINOS PODERES.

El Conocimiento material de lo Oculto está amplia y desordenadamente disperso. Dion Fortune dice que esta dispersión existe a causa de las persecuciones efectuadas por las (dulces y amorosas) Iglesias cristianas durante las oscuras épocas pasadas cuando los cristianos mataban a todo aquel que no estaba conforme con ellos (¡menuda gente!).

Siempre ha existido un cuerpo básico de la Verdad para los que tenían deseos de saber más de lo que habían oído. Pero esta Verdad no la mostraron nunca en las Iglesias ni las religiones, cristianas u otras. Siempre estuvo escondida en alguna parte y tuvo que ser «hallada» por personas que la buscaban.

Sin embargo, nosotros, estudiantes de Ciencias Ocultas, tenemos aparentemente una deuda con una religión —el islam— que recogió y protegió algunos conceptos básicos del Ocultismo que ahora tenemos en forma del sistema de la Cábala, y de cuyo sistema he tratado de proporcionar algún Conocimiento en este libro y trataré en otros que seguirán, así lo espero.

Los orígenes reales del sistema de la Cábala son vagos porque durante muchos siglos no se escribió nada y los datos de la Cábala se transmitieron de palabra.

Finalmente, con la caída del dominio árabe en España y la invención de la imprenta, y con un nuevo deseo de cambio/conocimiento llamado Renacimiento, empezó a aparecer en Europa algún Conocimiento del sistema de la Cábala en forma impresa.

Como la Cábala es un sistema que crece, sabemos mucho más de él ahora de lo que se sabía en épocas pasadas.

Si estudia este sistema tal como se explica en este libro y se esfuerza en comprenderlo y dominarlo —esto podrá implicar una gran diferencia en su vida diaria, ya que, en efecto, así puede hacerlo el material contenido en mis libros si se utiliza con provecho, dado que todos ellos están basados en algún modo en el sistema de la Cábala.

El Conocimiento Oculto y el material Oculto son cosas muy diferentes para tratar, al menos así lo son para mí. En muchas partes de este libro me he encontrado casi perdido en estos difíciles laberintos debido a que gran parte del Conocimiento Oculto es de naturaleza tan efímera que resulta difícil poner por escrito sin correr el riesgo de incurrir en una gran cantidad de semirrepeticiones.

Por tanto, esté a la expectativa por lo que respecta a esta condición, especialmente en el primer tercio de este libro.

Admito, además, que los que tenemos una temprana formación cristiana podemos sentirnos desconcertados ante la idea de una multiplicidad de Dioses y también ante la idea de adorarlos. Le aseguro que tuve que emplear la palabra Dioses para explicar el texto de este libro, PERO ESTOS «DIOSES» SON SOLO FUERZAS Y COMBINACIONES DE FUERZAS Y NO SON ENTIDADES DE DIOSES REALES, NI HAN DE SER ADORADOS EN NINGÚN SENTIDO.

En la Cábala original hebrea los diferentes Sefirots a los que yo di nombres de Dioses griegos, RECIBIERON NOMBRES DIFERENTES (IGUALES), DEL MISMO DIOS, SEGÚN LA FORMA EN QUE ESTUVIERA ACTUANDO EN LA POSICIÓN DEL SEFIROT EN AQUEL MOMENTO. De esta forma resulta que el mismo Dios solo funciona en una posición —lugar— diferente, por lo que no surge la idea de multiplicidad.

Usted puede tratar estos «Dioses» como entidades. Puede «hablarles». Puede proporcionarles argumentos en favor de usted. Puede y debe conocerlos muy bien. (No vaya a exagerar esto ahora.)

El objeto de estas acciones es acostumbrar su mente a aceptar el contacto con estas Fuerzas, a trabajar con ellas y a obtener resultados. Si tiene ideas propias que funcionan mejor que las mías, utilice sus ideas en lugar de las mías y siga adelante.

Aquí se introducen varias ideas diferentes, o quizá antiguas ideas en otras formas, pero yo he tratado de limitarías a la Tierra (Tierra Elemental). No he hecho una gran cantidad de investigación exterior en los círculos clásicos o en psicología, ya que no quiero llenar los simples conceptos de la Cábala con estas cosas. Sin embargo, lo básico de ambos está aquí, y funciona, que es todo lo que usted necesita para avanzar con soltura.

Otra vez, queridos amigos y críticos, no escribo una espléndida literatura para que los profesores de escuela de habla inglesa los muestren en sus clases como objetivos de buenos ejemplos a seguir. Mis ideas me vienen en confusión, todas a la vez, y si no las pongo por escrito rápidamente olvido algunas de ellas. No tengo precisamente tiempo de volver a escribir y pulir más ni tampoco tengo esta inclinación ni la tuve nunca. Así pues, todo lo que pretendo con estos libros es que comprenda estas instrucciones y pueda hacer que ACTÚEN PARA USTED.

Si este libro llega a sus manos, le sugiero con todo respeto que primero busque mis otros libros, cuyos títulos encontrará en el mercado, ya que se han hecho comprobaciones al respecto. Este tema del Ocultismo es demasiado vasto para ser tratado solamente en uno o dos libros. Espero publicar más y tratar todos los temas vitales que pueda antes de dejar de escribir.

Ophiel no tiene por qué engañar a nadie por motivos de dinero, puesto que está bien dotado económicamente, debido principalmente al tipo de trabajo en Ocultismo descrito en el libro *Arte y la práctica de lograr cosas materiales con la visualización creativa*. Por lo tanto, si tiene alguna queja en el futuro contra Ophiel escríbale y espere su respuesta. Puede haber algún pequeño retraso, pero la respuesta llegará. NO VAYA A LA OFICINA DE CORREOS CON NINGUNA QUEJA. Si lo hace, Ophiel tomará medidas para protegerse y se interrumpirá toda Comunicación ulterior en materia de Ocultismo.

Ophiel desea añadir aquí unas palabras sobre las «Escuelas de Ocultismo» y las «lecciones por correspondencia de las Escuelas de Ocultismo».

Las escuelas que Ophiel vio anunciadas y que contactó e investigó en el pasado, ninguna de ellas tenía un verdadero valor ya que enseñaban algo de Conocimientos «Ocultos Difíciles» y «Prácticas Ocultas Difíciles». Las escuelas eran o las del tipo de «Círculos y Rayos», plagiadas de la Teosofía, o las de «Dulzura y Luz» de los procesos de Nu Thot, o eran algo procedente de Fuentes Orientales sobre la autorrealización, y para sus fines Ophiel encontró que eran inútiles. SIN EMBARGO, SI USTED ESTUDIÓ EN ALGUNA DE ELLAS Y LE «AYUDARON» FUE AFORTUNADO Y MAYOR PODER PARA USTED Y PARA ELLAS. Es una extraña anomalía, pero la única escuela «secreta» de Ciencias Ocultas que se supone que tiene algo de Ocultismo posiblemente no puede enseñar nada de Ocultismo difícil porque todo su Conocimiento Oculto real y vital está protegido por juramentos de estricto secreto, y los diversos miembros que escribían y escriben han tratado y tratan de explicar ¡algo sin desvelar nada! ¡Usted desarrollará un sentido de irrealidad al leer sus libros y lecciones y esto es lo que sacará en consecuencia!

Estas personas y sus escuelas saben todas las cosas del Cosmos Físico, TODO LO QUE SUCEDE, TODO EL CONOCIMIENTO DE ESTE TIPO QUEDA ALMACENADO EN LOS REGISTROS AKÁSHICOS, EL ÉTER QUE LO ALMACENA, Y SE PUEDEN RECUPERAR CON MEDITACIONES Y CONTEMPLACIONES. Y usted puede «recuperar» este conocimiento ahora que ha recibido algunas indicaciones e ideas, Y PUERTAS, sobre cómo hacerlo. Esta es la forma en que Ophiel lo consiguió. (Recuerde los «hilos pegajosos» de Materia Astral conectando todas las cosas*) y este es el material que él está tratando de proporcionarle.

Así pues, para terminar, Ophiel le recomienda que acuda a las «Escuelas de Ocultismo» con sus ojos bien abiertos. Esté alerta. Compruebe todo lo que obtenga. Si se introduce algo sobre sexo o drogas, abandónelo y aléjese.

Ophiel le dice, para terminar, que nunca se ha descubierto ninguna Logia auténtica de los Rosacruces. Creo que Manly Hall dijo en alguna parte que el

---

* Ver página 62.

nombre Rosacruz fue introducido por un grupo de pensadores que lo concebían de una forma simbólica y no había ninguna organización realmente humana.

Muchas «escuelas» que deberían haberse extinguido hace ya mucho tiempo a causa de su total ineptitud todavía sobreviven porque se instalaron en propiedades inmobiliarias hace varios años y sus tierras han adquirido un gran valor y por lo tanto resisten.

Así que ¡esté alerta! Ya está avisado.

Que este libro sea de provecho para usted es el único y más ferviente deseo de Ophiel.

OPHIEL
1969

Prefacio adicional

Después de haber escrito lo que antecede he decidido añadir el siguiente material —constantemente me están preguntando por carta cómo actuar para la «elevación» del «Fuego Kundalini» y/o alguna variación del mismo.

Por supuesto, yo ya había oído hablar de este Fuego denominado Kundalini, hace muchos años, cuando estaba precisamente empezando mis estudios de Ocultismo y yo tímidamente pregunté acerca del mismo en aquel entonces en voz baja como todos hacen. Sin embargo, nunca obtuve ninguna respuesta satisfactoria a mis preguntas en aquellos años. Muchos seudoprofesores, al ser preguntados, parecían ser prudentes, como una lechuza asustada, y murmuraban alguna respuesta evasiva que no equivalía a nada real. (Ellos mismos no lo sabían.)

Y desde entonces llevé a cabo una serie de investigaciones sobre este tema y he llegado a las siguientes conclusiones.

El Fuego Kundalini es en realidad un movimiento potenciado de energía nerviosa en todo el sistema nervioso del cuerpo humano. Este movimiento de energía se concreta a través de percepciones potenciadas, desarrolladas y producidas por la persona en su trabajo para el desarrollo de lo oculto; mediante la meditación y la contemplación, mediante el estudio y la práctica del conocimiento basado en la Cábala, etc., y esto es todo lo que parece ser, en realidad, el «Fuego Kundalini».

Como podrá fácilmente comprender, la evolución anteriormente descrita VIENE DESPUÉS DE QUE SE HA HECHO EL TRABAJO OCULTO ADECUADO Y NO ANTES. No ocurre tal cosa cuando tiene lugar el proceso opuesto que el desarrollo de lo oculto pueda venir o venga después de cierto tipo de «elevación» mecánica del Fuego Kundalini. Un poco de conocimiento hubiera servido para que la gente se hubiera dado cuenta de este hecho obvio por sí misma.

Otra forma de explicar el proceso anterior es mediante una parábola. Hay un grupo de personas acomodadas que viven en magníficas casas, en una bonita colina, todas tienen piscinas. Estas personas corresponden a aquellas que han «elevado» el Fuego y se benefician con ello, si usted está de acuerdo con esa teoría/concepto de momento.

Debajo de la colina hay un grupo de personas pobres que viven en chozas y se visten de harapos y andrajos. Estas personas, naturalmente, miran con envidia y con ansia a las que están en la colina y desean ser como ellas en todos los aspectos. (Confío que verá usted el paralelismo entre los que están iluminados y los que no lo están.)

Mientras tanto, estas personas pobres observan que los de la colina tienen piscinas. En sus cabezas entra la idea de que si ellos tuvieran piscinas el «resto» que falta lo obtendrían de forma natural.

Las personas pobres proceden a excavar algunos agujeros-pozos, los llenan de agua y los denominan piscinas, LUEGO ESPERAN A QUE APAREZCA EL «RESTO».

Usted ya sabe que el «resto» no puede aparecer con este procedimiento y, suponiendo que haya un Fuego Kundalini, y que este se eleve, la iluminación no seguirá de forma natural como tampoco llegará la opulencia excavando un pozo-piscina. Confío que se dará cuenta de esta idea y la comprenderá. Obtenga la iluminación y el Fuego Kundalini se elevará naturalmente, no de otra forma.

Usted es clarividente por naturaleza

Desde el principio de los tiempos civilizados y, pensándolo bien, mucho antes de los tiempos civilizados, las personas normales, así como las interesadas en las «ciencias ocultas» de su época, han estado intrigadas por la evidencia ocasional de que, de vez en cuando, ciertos individuos mostraban alguna señal de tener (o afirmaban tener) un tipo de «pre» visión, o «pre» conocimiento, que les permitía, más o menos, «prever», o incluso «pre-influenciar», acontecimientos futuros antes de que llegasen a este Plan del Tiempo del Plano Físico.

O esta facilidad para «pre-ver» pudiera no ser de «pre-ver» el futuro, sino que pudiera tomar la forma de «visión» presente de lo que estaba aconteciendo en aquel momento en lugares lejanos, incluso a cientos de kilómetros de distancia.

O esta facultad podría no adoptar la forma de ninguna de estas cosas sino de otras, tales como la capacidad de provocar los acontecimientos, como ya se ha mencionado anteriormente, y/o disponer asuntos materiales para que «sucediesen» en la forma en que estaba dispuesto que sucediesen y tal como se deseaba o como aparentemente se deseaba, aunque aquí estamos introduciéndonos en una magia de naturaleza diferente a la mera clarividencia, pero las dos van juntas y, de hecho, para que cada una de ellas tenga éxito, deben ser más bien inseparables.

O bien, además, la facilidad pudiera tomar la forma de la descripción o de la naturaleza y el carácter de la persona o personas que poseen o que han poseído ciertos objetos, dando una descripción completa de su carácter, e incluso de su paradero actual, y en el caso de magia avanzada —poder reforzar tal percepción mediante ACCIONES MÁGICAS DIRIGIDAS HACIA LA PERSONA POR AQUELLOS QUE SABEN COMO HACERLO.

Los poderes descritos anteriormente, y muchos de una naturaleza similar, se llaman clarividencia —clari (claro)-luz, videncia-visión (ver)—, que es una palabra universal que indica las diferentes acciones descritas anteriormente, pero, como ya se ha dicho, sin agotar las posibles acciones bajo ese tipo de Poderes designados con el nombre de CLARIVIDENCIA.

Observe la siguiente afirmación y absorba por completo su significado: LA CLARIVIDENCIA ES UN PODER PERFECTAMENTE NATURAL INHERENTE A TODOS LOS HOMBRES Y MUJERES.

Aquí haremos un pequeño paréntesis y explicaremos claramente el siguiente punto: en este libro, como en todos los libros de Ophiel, hasta ahora, y espero que esto continúe así, ¡¡USTED ES EL PRINCIPAL INTERES!! Ophiel no va a deshacerse en elogios sobre cómo John Jones y Mary Smith tenían poderes naturales de clarividencia y las cosas maravillosas que eran capaces de hacer con ellos mientras usted se tumba a sus pies, con su boca abierta, consumiéndose de envidia y escuchando con la respiración entrecortada sus proezas. No, usted no encontrará esas cosas en los libros de Ophiel —en este libro y en todo los míos aprenderá cómo desarrollar las Artes Ocultas USTED MISMO hasta el grado en que sea capaz de hacerlo o QUIERA HACERLO, hasta el grado en que quiera usar la clarividencia en su vida.

La clarividencia aprendida de esta forma controlada es mucho más valiosa que la natural e incontrolada de los patológicos John Jones y Mary Smith. Repetiré, por su importancia, que la clarividencia natural es mucho menos fiable que la estudiada y desarrollada, porque la natural a menudo es debida a circunstancias patológicas, lo que quiere decir, con más sencillez, que la capacidad de clarividencia controla a la persona en vez de ser esta quien controle dicha capacidad. Esta utilización inversa del control de la misma no tiene mucho sentido. Dejar que los «espíritus» controlen a la persona lo hicieron popular los escritores del siglo XIX, que no sabían lo que estaban escribiendo, y dejando que la capacidad de clarividencia le domine es una invitación a que se produzcan trastornos psicológicos y psíquicos. Por tanto, si ha oído hablar de grandes clarividentes naturales, y de sus grandes capacidades, no se preocupe, lo que ha oído son, en su mayor parte, solo historias. No se preocupe por su capacidad de desarrollar grandes cantidades de clarividencia —normalmente usted debería ser capaz de «desarrollar» TODO EL PODER CLARIVIDENTE (Y OTROS

PODERES) QUE VA A NECESITAR, Y QUE PODRÁ USAR, DURANTE TODA SU VIDA. Realmente no se necesita demasiado desarrollo. Yo creo que tan poco como de un 10 a 15 por 100 de clarividencia, aparejada a sus otras capacidades naturales, puede darle una buena comprensión del funcionamiento de la maquinaria de su vida y capacitarlo para progresar tanto «espiritual» como materialmente.

Así que repetiré mi anterior afirmación: LA CLARIVIDENCIA ES UN PODER PERFECTAMENTE NATURAL INHERENTE A TODOS LOS HOMBRES Y MUJERES. Usted, por tanto, no va aprender la forma de ser clarividente, ni a «desarrollar» nuevos poderes de clarividencia.

¡SOLO VA A PONER DE MANIFIESTO LO QUE YA TIENE AHORA!

¿Y cómo se hace esto? BÁSICAMENTE SE HACE PRESTANDO MÁS ATENCIÓN A LA FACILIDAD NATURAL PARA LA CLARIVIDENCIA QUE TIENE AHORA Y ACTUANDO Y DESARROLLÁNDOSE EN CONSECUENCIA.

Y aprenderá a prestar atención a su facilidad para la clarividencia APRENDIENDO PRIMERO LO QUE ES Y EN QUÉ ESTÁ BASADA, Y ESTE CONOCIMIENTO LE PROPORCIONARÁ UNA CANTIDAD SORPRENDENTE DE PERCEPCIÓN RÁPIDA A LA SUPERFICIE DE SU CONSCIENCIA OBJETIVA, Y USTED EMPEZARÁ A UTILIZAR RÁPIDA Y FÁCILMENTE SU PODER CLARIVIDENTE ANTES INACTIVO Y LATENTE.

Ahora haremos otro paréntesis de nuevo. Tengo la opinión clara de que si el conocimiento de estas capacidades interiores, ampliamente desconocidas, fueran más estudiadas en general —todas las tonterías que se han dicho acerca de las Ciencias Ocultas—, un buen porcentaje de gente desarrollaría un sentido de la clarividencia y una dependencia de este sentido de la clarividencia hasta un grado sorprendente. De hecho, aunque no puedo probarlo categóricamente, tengo la fuerte impresión de que cualquier persona que tiene mucho éxito utiliza mucha más clarividencia de la que esta misma persona es consciente. Algo análogo a nuestro sentido físico del olfato, que utilizamos pero sin darnos cuenta. Si la nariz de una persona está obstruida, esta podrá comerse una cebolla y no matar el sabor. No lo he intentado yo mismo, pero creo que si esto es verdad, también es verdad, en cierto modo, la clarividencia.

He tenido la oportunidad de estudiar a una de esas personas, un hombre de éxito, durante un tiempo demasiado corto. Pero me di cuenta, en varios casos, de que cuando él tomaba una decisión basada en la resolución de un número de factores en una conclusión simple y actuaba en consecuencia, ESTA CONCLUSIÓN, SEGUIDA POR LA ACCIÓN, AMBAS CON ÉXITO, NO PODÍAN HABER SIDO MÁS QUE UNA PERCEPCIÓN CLARIVIDENTE DE UNA MASA DE FACTORES DIFERENTES Y SU RESOLUCIÓN EN UNA CONCLUSIÓN SIMPLE DE INSPIRACIÓN CLARIVIDENTE... O ASÍ ME LO PARECIA A MÍ. Deberé seguir estudiando esto en el futuro, pero mientras tanto haga alguna investigación usted mismo. Estudie a todas las personas de éxito que pueda e intente ver cómo muchas de sus decisiones aparentemente no están basadas en nada relacionado con un complejo de hechos a su alcance... ENTONCES PÍDALES QUE EXPLIQUEN SU DECISIÓN. Si no pueden explicar claramente cómo han llegado a su plan de acción, o dudan al explicarlo y tienen que pensarlo detenidamente, entonces lo más probable es que fuese un uso/decisión clarividente espontáneo, cuyas posibilidades las tenemos todos en cierto grado.

Ahora vienen una nota y unas palabras de cautela —aunque es cierto que el uso cotidiano de la clarividencia asequible puede ser de gran ayuda en su vida cotidiana, la clarividencia, *per se*, no es OMNIPOTENTE. No le fabricará un poder gigantesco de repente. Usted aún necesita todas las Habilidades de la Tierra y ser un experto en la utilización de las mismas. La habilidad en la utilización de la clarividencia y las Habilidades de la Tierra deben ser usadas juntamente. Repito: las Habilidades de Clarividencia y las Habilidades Físicas deben COMPLEMENTARSE ENTRE SÍ. No se SUPLANTAN ENTRE SÍ. Usted tendrá que aprender a desarrollar la clarividencia y deberá desarrollar todas las Habilidades Físicas que pueda, y aprender entonces a TRABAJAR AMBAS EN CONEXIÓN ENTRE SÍ Y CON USTED, Y TODOS SUS OTROS BIENES QUE PUEDA POSEER AHORA.

En este punto me encuentro en una especie de posición dividida con respecto a varias fases de este trabajo.

En primer lugar, quiero hacer constar que en estas enseñanzas Ocultas no hay divisiones bien definidas de enseñanzas. Cada enseñanza, o práctica se funde con las demás, con todas las demás; y, repito de nuevo, no existe una división bien definida. La clarividencia «pasiva» se funde en la clarividencia «activa», y esto llega a ser una operación Mágica «positiva». Toda Magia tiene algo de clarividencia en sí; ¿cómo podría usted llevar a cabo una operación futura invisible si no tiene ninguna «pre» idea ni conocimiento de cuáles eran las Condiciones Ocultas?

Se pretendía que este libro tratase exclusivamente del tema oculto de la clarividencia, y me atendré a este tema.

Sin embargo, tendré que desviarme aquí y sentar, o más bien divulgar, algunos fundamentos básicos.

Por favor, estudie la siguiente información ya que es una de las más importantes que jamás he escrito hasta ahora en estos libros sobre Ocultismo. He escrito algunas partes de esta afirmación en otros libros, pero aquí lo haré todo lo completa que pueda, y quizá la repita en el futuro, así que búsquela.

TODOS MIS LIBROS, Y ENSEÑANZAS, TIENEN COMO BASE, COMO USTED YA CONOCE SI HA LEÍDO MIS OTROS LIBROS, EL SISTEMA MÁGICO, FILOSÓFICO Y METAFÍSICO DE LA CÁBALA.

A mi parecer, el Sistema de la Cábala está idealmente adaptado a las mentes y cuerpos Occidentales y se presta muy fácilmente a todos los tipos de trabajos Mágicos. De hecho, no puedo encontrar ningún otro sistema aparte de este. Todos los demás son partes o adaptaciones de la Cábala, ya que el Sistema de la Cábala se puede distinguir en, y bajo, todos y cada uno de los sistemas genuinos Mágicos o Metafísicos o de los sistemas teológicos.

No soy capaz de proporcionar ningún hecho histórico sobre este sistema de la Cábala. Debe haber varios datos en alguna parte, pero no me he tomado la molestia hasta ahora aunque «pre» veo que tendré que hacerlo alguna vez en el futuro: ir a encontrarlos de la mejor forma que pueda.

Otra cosa es que el sistema de la Cábala, como dice Dion Fortune, sea un sistema en crecimiento. Todas las Cosas Físicas encajan en el sistema en algún punto/sitio y, por lo tanto, cualquier cosa recientemente descubierta encaja en su sitio y así, pues, hay cierta necesidad de explorar el pasado para ver cómo pensaban entonces, y para darse cuenta de dónde encajaban ellos las cosas.

He encontrado a través de diversas indicaciones de diferentes fuentes que la Cábala ha tenido alguna conexión con el islam, y se ha hecho la seductora afirmación de que el sistema de la Cábala se enseñaba, en cierta época, en las universidades árabes de la España árabe (Granada). En especial las partes de la Magia que tratan del contacto y evocación de «Espíritus» desde otros Planos —forzándolos más o menos a «venir aquí», a este plano, proporcionándoles un tipo de cuerpo físico de incienso, o humo, o sangre caliente (cuyo conocimiento no se ha dado en estos libros ni es probable que se dé durante algún tiempo, y esto de una forma modificada y solo después de que sean respondidas algunas preguntas).

Otra especie de conjetura indecisa expone un posible origen de la Cábala como procedente de Egipto, Palestina, Grecia, Asia Menor, Persia, y hasta esta parte de la India. Tal vez algún día descubriré su rastro. Puede que haya algo al final del rastro.

Por ahora, su trabajo, y el mío, consiste en estudiar y asimilar las ideas básicas de la Cábala y UTILIZARLAS EN NUESTRA VIDA COTIDIANA.

Esto lo he dicho antes en otros libros y ahora me veo forzado a repetir algunas cosas, porque TODA LA CLARIVIDENCIA ESTA BASADA TAMBIÉN EN LA CÁBALA.

En el reverso de las cubiertas delantera y posterior de mi primer libro *Arte y práctica de la proyección astral* encontrará un gráfico de «El Árbol de la Vida». Este gráfico es una parte de la Cábala y lo utilizo mucho en mis métodos de enseñanza.

En dicho gráfico puede fijar todo lo que está en este Cosmos Físico. Repito, en este Cosmos Físico cada una de las cosas existentes pertenece o está fijada a uno de estos círculos llamados Sefirots o, por decirlo de otra manera: todo está «regido» por las fuerzas materializadas en las energías, llamadas Dioses, fijadas a cada uno de estos Sefirots.

En mi libro *Arte y práctica del ocultismo*, se da una descripción muy detallada de estas «Fuerzas» conectadas a, y con, los Sefirots. No la repetiré aquí, pero le recomiendo que adquiera dicho libro y lo estudie bien.

La clarividencia, pues, está también conectada con y a estos Sefirots en el sentido de que cualquier «cosa» sobre la que esté buscando información está regida por alguna sección/lugar o conectada a la misma (cuyas contrapartidas están «registradas» en la Luz Astral). Y TODAS LAS COSAS ESTÁN RELACIONADAS ENTRE SÍ POR EL DIBUJO DEL «ÁRBOL DE LA VIDA» DE LA CÁBALA.

Para el siguiente trabajo, usted utilizará el gráfico del Árbol, pero podrá confeccionar un dibujo a mano como el que figura a continuación. Haga un dibujo a mano como el que se indica. Podrá conectar estos círculos con las líneas según se indica. En otros trabajos y gráficos, las líneas se llaman sendas, pero usted no utilizará estas sendas en este trabajo.

Numere los círculos como se señala. Haga un dibujo a mano en un lado de un trozo de papel, ponga en la parte superior el círculo 1. En una columna a la derecha del gráfico estudie/aprenda esta lista de cosas regida por este Sefirot.

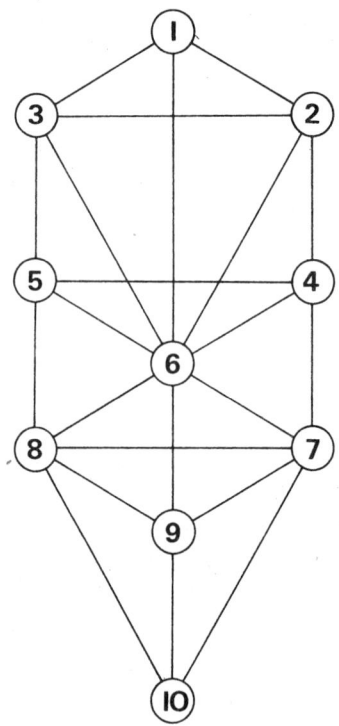

Las categorías de
la existencia física

EN LAS PÁGINAS anteriores de este libro y en las que siguen inmediatamente hay cosas interesantes para estudiar y leer. La lista que aquí se facilita no es completa en ningún sentido y es de esperar que añada cosas nuevas a la misma. Encontrará nuevas cosas en todos los lugares, y especialmente en las revistas astrológicas, puesto que publican en todo momento nuevos artículos que tratan de las nuevas asociaciones que surgen en la vida en todos los tiempos.

Prácticamente, toda la base de la Clarividencia estriba en las páginas que siguen inmediatamente y sus asociaciones dadas. Toda la «lectura de la Clarividencia que efectúe estará relacionada con las diferentes divisiones que aquí se dan. Compruebe también los nuevos descubrimientos a medida que van surgiendo y vea dónde pueden encajar.

KETHER

Inventos básicos. Electrónica, nueva maquinaria básica, dispositivos electrónicos. Radar. Rayos X. Lo no usual, sorpresas. Nuevas ideas y nuevas concepciones. Nuevas organizaciones. Vehículos espaciales. Nueva investigación básica de una naturaleza «pura». El futuro lejano, ideas.

CHOKMAH

Radio. Televisión. Percepción extrasensorial, cine. Lo psíquico. Viaje en los planos. Medicamentos. Máquinas para crear corriente eléctrica. Electricidad estática. Magnetismo. Cohetes, posiblemente fuegos artificiales y cosas similares. Algunos tipos de ficción y obras teatrales.

SATURNO

Este Sefirot es conocido como Saturno
más familiarizados con «él» que con Kethe. ᴖnokmah, que son, como usted sabe, los nombres de los otros dos Sefirots que hemos considerado hasta ahora.

Saturno rige lo siguiente: Los ancianos. Los planos antiguos. Las deudas y su devolución. Las hipotecas. La agricultura. Las granjas. Los ranchos, etc. La propiedad inmobiliaria. La muerte. Los testamentos. Las herencias. Los edificios antiguos. Los fertilizantes. Las excavaciones. Las minas. La fundición de metales pesados. Los árboles. La confección del papel (pero no lo que está impreso ni escrito en el mismo). Propietarios de fincas y de inmuebles. Terratenientes. Comerciantes de objetos antiguos. Oficinas y agentes de la propiedad inmobiliaria. Carpinteros (excepto lo que se dirá más adelante). Trabajadores de la construcción de acero. Fabricantes y trabajadores de la industria del cemento. Albañiles, canteros y picapedreros. Almacenes de madera y bosques. Pulpa de papel y fabricantes de la misma.

ARTE Y PRÁCTICA DE LA CLARIVIDENCIA

JÚPITER

Este Sefirot se llama Júpiter, o Zeus en griego. Rige lo siguiente: La iniciación en el sentido del desarrollo. La especulación. El juego. Las mejoras de todas clases, especialmente el desarrollo. La abundancia. El crecimiento. La expansión. La generosidad. La espiritualidad. Algunas visiones. La adivinación del pasado. Algunos viajes largos. Los banqueros. Los acreedores. Los deudores. El desarrollo de algo que ya existe. La financiación de tipo especulativo (no financiación de tipo hipotecario). Publicidad básica. Exposiciones de negocios. Influenciar a los otros especulativamente. Liderazgo. Trabajo médico más bien avanzado. Algunas clases de investigación básica en pasados ya resumidos. Mejoras personales, sociales y financieras. La mayor parte de la publicidad, como se ha dicho, especialmente de productos básicos más bien que de servicios personales. Obtención de favores personales, especialmente de naturaleza financiera, no hipotecas. Rige la bolsa y los valores mobiliarios especulativos, pero no tanto los bonos, que son, en efecto, hipotecas. También los doctores, como se ha dicho, pero no los cirujanos, y especialmente los medicamentos mejorados como consecuencia de la nueva investigación.

MARTE

Este Sefirot se denomina Marte y su nombre griego es Aries. Rige lo siguiente: La guerra. La energía. La ira. La vitalidad del cuerpo y el magnetismo del cuerpo que resultan de hacer ejercicios físicos en solitario para fortalecer el cuerpo, no deportes competitivos. Los dentistas y los odontólogos. Los cirujanos de todas clases. La policía. Los barberos (que fueron los primeros cirujanos). Los mataderos y por tanto los carniceros y los que tratan la carne (excepto el ganado vivo en el campo o en las dehesas que está regido por Saturno). Los carpinteros y los que construyen cortando e instalando de nuevo o los que crean modificando o alterando algunas cosas básicas o materiales y la ingeniería que implica este tipo de actividades. Todos los tipos de negocios relacionados con dichas actividades en contraste con los negocios del tipo de servicios. Todos los tipos de contratistas relacionados con lo anterior. Marte rige el FBI y los Servicios Secretos, la C.I.A. y también los «sheriffs» y la Policía. También el Ejército y la Marina y toda la maquinaria perteneciente a los mismos —tanques, armamento, barcos de guerra—, es decir, todo lo relacionado con la guerra. El Pentágono. Los Ministerios o Departamentos de Guerra o de Defensa. La energía sexual, y especialmente la que utilizan los animales machos en los procesos agresivos de apareamiento, todos los procesos de protección de rebaños. Rige las glándulas suprarrenales.

EL SOL

Este Sefirot se llama el Sol en muchos sistemas del estudio de la Cábala. Sin embargo, hemos mencionado estos Sefirots por sus nombres griegos y romanos y aquí haremos lo mismo. Apolo es el nombre que más comúnmente se ha dado al Dios Sol, pero este nombre —Apolo— tiene un origen posterior. El otro nombre que le precede en antigüedad es Helios y todavía existe un nombre más antiguo que es el de Hiperión —o ¡el Sol detrás del Sol! El Sol rige lo siguiente: Los superiores. Los patronos. Los ejecutivos. Los funcionarios. El poder y el éxito. La iluminación. La imaginación. Los poderes mentales. Lo relativo a la salud por lo que respecta al mantenimiento de la salud por la dieta y el ejercicio. Actividades al aire libre y ecológicos. Apolo es el hijo de Júpiter y comparte muchas de sus funciones conexas. Asimismo, casi todas las cosas regidas por Apolo son de naturaleza inmediata, no acciones futuras ni pasadas. Las acciones regidas por Apolo son más bien de naturaleza de regulación-mantenimiento, tales como giras campestres, verbenas, excursiones, etc. Algunos jueces y tribunales están regidos por Apolo, por lo que se puede decir que Apolo rige los tribunales ordinarios mientras que Júpiter rige los tribunales supremos y de apelación.

VENUS

Este Sefirot se denomina Venus (nombre romano), siendo Afrodita su nombre griego. Esta «diosa» rige todas las artes y los artistas. La música. La extravagancia. El lujo. La satisfacción inmoderada de los deseos. Toda la belleza. Todos los placeres. Las mujeres, pero no las amas de casa. Los jóvenes de ambos sexos. Los muebles decorativos y/o los artículos para el hogar y la oficina. Las reuniones y las asociaciones con amigos de ambos sexos. Los perfumes y las esencias fragantes. Todos los medicamentos y productos químicos afrodisíacos. Los proyectos relacionados con el amor. Las pieles. Las joyas y los vestidos de fiesta. También todos los diseños de modas y los diseñadores. Los peluqueros, los que hacen la manicura y los secadores por aire. Los salones de belleza. Algunas partes de las obras teatrales que tratan de amor, a diferencia de las obras filosóficas más serias. También la mayoría de las óperas, especialmente los espectáculos lujosos. Algunos favores políticos, especialmente los que están originados por el amor o por la amistad intensa. La publicidad gráfica de artículos de lujo. Las tiendas de lujo y los departamentos de lujo de los grandes almacenes. Las pinturas y los pintores —los artistas e incluso hasta cierto punto el arte comercial relacionado con los artículos de lujo. Las joyas, especialmente las esmeraldas, y toda la joyería. Las perlas y los adornos. Las tiendas y almacenes de joyería.

MERCURIO

Este Sefirot se llama Mercurio (nombre romano) o Hermes (nombre griego). Rige los negocios. Los autores y sus escritos. Las partes escritas de todos los contratos. Los juicios mentales. Los viajes cortos. Los negocios de compra y venta. Dar y obtener conocimiento e información. Los títulos y los valores mobiliarios y los bonos de inversión, pero no los bonos hipotecarios, que están regidos por Hermes, ni tampoco la Bolsa, que está regida parcialmente por Júpiter. Las líneas telegráficas, las líneas cablegráficas y de las compañías telefónicas y los nuevos satélites de comunicaciones. Todo lo que está escrito sobre el papel, excepto el papel, que está regido por Saturno. Las compras para negocios. La búsqueda de gangas. La organización del trabajo relacionado con negocios. Capataces y empleados. Universidades, colegios mayores y todas las escuelas. Profesores de universidades y colegios mayores y maestros de escuela. Editores, libros y revistas. Folletos, etc. Análisis y datos estadísticos. Algunos temas médicos, especialmente los que se refieren a ESTUDIOS e INVESTIGACIÓN sobre dolencias y enfermedades. El campo médico básico está parcialmente regido por Júpiter y el Sol (Hiperión-Helios-Apolo). También rige algo la Luna (Artemisa-Diana). Hermes está estrechamente conectado con la medicina y las recetas médicas de medicamentos, pero los cirujanos están regidos por Marte; sin embargo, existen algunas coincidencias. La ciencia está muy relacionada con Hermes, especialmente la ciencia aplicada, la educación y la filosofía, de este modo: primeramente el laboratorio y después las aplicaciones prácticas.

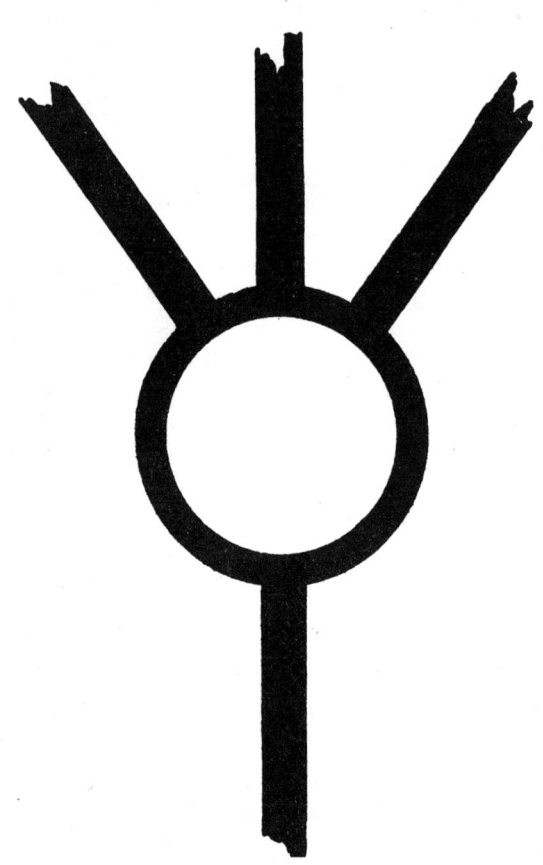

LA LUNA

Este Sefirot se llama Luna en vez del griego y romano usuales que son la griega Artemisa y la romana Diana. Compruebe estas Diosas en su «Gayley»* y verifique especialmente los significados de estos nombres.

La Luna rige lo siguiente: El público en general. Las mujeres. Los viajes cortos (los viajes largos están regidos por Júpiter y Mercurio). (San Cristóbal es Mercurio-Hermes.) Los cambios y fluctuaciones. El hogar, no la casa ni los terrenos, sino el hogar metafísico, incluso una habitación o apartamento. El gobierno de la casa y los quehaceres domésticos. Cocinar (la panadería y la pastelería tienen algo de Saturno; la harina está regida por la Luna, pero el grano está regido por Saturno). Hacer conservas. El lavado está regido por la Luna, pero el planchado está regido por Marte. (Generalmente el planchado se hace los martes. Martes equivale a Marte.) La compra de alimentos normales. Los bebés y los niños pequeños. Los bebés no nacidos. La confección de mantequilla y queso. Los huertos están regidos por la Luna y los terrenos por Saturno. La leche y el ordeñar la leche, así como la separación de la nata de la leche. Gran parte de la ganadería, especialmente los animales destina-

---

* En todos mis escritos me refiero a menudo a «Gayley». Esto se refiere a uno de los mejores libros de referencia de la mitología clásica —*los mitos clásicos de la literatura inglesa y el arte*, escrito por Charles Miller Gayley. Para estudiar los «Dioses» deberá comprar este libro y referirse al mismo o a otros buenos libros sobre la mitología griega y romana.

dos a la producción de carne, sin tener en cuenta a los caballos, está regida por el Sol.

Estas son, pues, las cosas que están regidas por los Dioses y las Diosas que están fijadas a los círculos del Sefirot en el dibujo de su Árbol de la Vida.

Naturalmente, comprenderá que si desea desarrollar la clarividencia deberá tener alguna idea de lo que está haciendo y buscando en forma de resultados, y los medios para producir los resultados.

Difícilmente es posible ser un experto en clarividencia en todas las fases y temas detallados en las páginas anteriores. Hay ciertas cosas en las que estará interesado y otras en las que no lo estará.

Tendrá que tomar alguna decisión acerca de cuáles serán sus intereses o en lo que está usted interesado de forma natural y concentrarse y practicar en ese tema y dejar de lado los otros temas.

Por ejemplo, unos amigos míos perdieron un perro y como conocían mi interés en el Ocultismo recurrieron a mí para «encontrar» al perro. Ahora bien, todo lo que pude hacer fue dar a este asunto un tratamiento general puesto que me daba cuenta de que si bien era experto en varios aspectos, no estaba capacitado para hallar perros perdidos de una forma precisa y positiva. Ellos encontraron al perro pon medio de una combinación de ideas y verificando en la perrera municipal, y después ¡su otro perro también se perdió!, el cual nunca fue hallado. Así pues, había algo más en esto que lo que se veía a simple vista. ¡Actuaban algunas fuerzas relacionadas con la pérdida de perros!

Hay personas que están dotadas de una forma natural de clarividencia, que son especialistas en encontrar objetos perdidos y, como ya he dicho, y yo tengo mis recelos sobre las dotes naturales, aunque se puede recurrir a ellos, pero hay que tener cuidado en todo momento por si se trata de impostores.

Sin embargo, recuerde lo que he dicho anteriormente, de que solo es necesaria una pequeña cantidad de clarividencia para ayudar a llevar una mejor vida normal. Los incidentes como el del perro perdido requieren una gran cantidad de fuerza de forma especializada, por ejemplo, y usted no debe sentirse desanimado si algo de esto le ocurre en su vida y no puede resolverlo de forma clarividente. Resuélvalo de esta forma: —dele toda la clarividencia que pueda y TAMBIÉN TODOS LOS MEDIOS FÍSICOS QUE USTED PUEDA PARA QUE LE SIRVAN DE AYUDA. Especialícese en la práctica de la clarividencia que más le atraiga y para la que tenga más afinidades y aptitudes naturales y deje correr todo lo demás. No comunique ni difunda su interés en la clarividencia a otras personas, especialmente a los desconocidos. Mantenga esto, así como sus estudios de Ocultismo, en privado.

Repito que en relación con su clarividencia deberá ser muy perspicaz físicamente y UTILIZAR TODOS LOS MEDIOS FÍSICOS DE CONEXIÓN A SU ALCANCE PARA QUE LE SIRVAN DE AYUDA EN CUALQUIER ASUNTO EN EL QUE ESTÉ INTERESADO Y EN EL QUE ESTÉ TRABAJANDO.

Elevación de los planos

EN LA PRIMERA SECCIÓN que antecede, dimos una amplia descripción de un sistema básico del Ocultismo que confío que estudiará y le servirá para el resto de su vida.

Muchos temas se han detallado y clasificado en una especie de sistema de archivo. Repito que para el desarrollo de sus aptitudes en Ocultismo, espero que estudiará este sistema tal como se indica y aumentará constantemente su capacidad. Algunas de sus clasificaciones son solo opiniones; así pues, compruebe la posición de los objetos también constantemente. Algunas veces rigen dos dioses; por ejemplo, el papel pertenece a Saturno y la escritura pertenece a Mercurio. Así pues, vigile en todo momento estas dobles aplicaciones (y a veces incluso triples).

Introduciremos ahora algunas ideas sobre cómo «trabajar» la clarividencia. Estas serán sus primeras instrucciones «de trabajo» (algo que nunca he aprendido en los libros desde que empecé a buscar. Todo lo que conseguí fue un montón de palabras: palabras vanas).

Nuestro plan, por el momento, es empezar como se ha indicado anteriormente: algunos conocimientos seguidos de algunas prácticas. También podrá conectar un poco con usted mismo —lo cual es ventajoso—, ¡¡desarrolle sus sentidos Ocultos!!

Así pues, después de haberse familiarizado con estos amplios temas en general, su primer trabajo para desarrollar la clarividencia será pensar en estos temas en forma meditativa —buscando un mayor conocimiento sobre estos temas—, entrando en el «espíritu» (movimiento espíritu-aire) del tema en cuestión.

Voy a hacer aquí una ilustración-ejemplo más bien detallada y complicada que quiero que siga cuidadosamente, ya que el *modus operandi* será el mismo para todos los demás temas.

Tomemos un ejemplo que puedo haber mencionado en otro libro en relación con otro tema anteriormente.

La persona en cuestión era una mujer que trabajaba en unos grandes almacenes. Un domingo, cuando estaba allí sola haciendo un trabajo detallado, se quedó absorbida en una meditación contemplativa sobre la mercancía de su departamento.

En su imaginación, empezó con un fardo de material que tenía ante ella y siguió el material «hacia atrás» (observe bien), hasta su punto de origen en algún país extranjero.

Como encontró que este proceso de imaginación era una aventura mental gratificante, hizo lo mismo con las demás mercancías que había en su departamento.

Estas experiencias la estimularon y la inspiraron de tal modo que su carácter se volvió más afable, hasta el punto de que se convirtió en la principal vendedora del departamento y después del establecimiento, y luego ascendió a un puesto de dirección. Esta es, por supuesto, una breve descripción, pero el caso siguió el curso descrito.

¿Qué es lo que sucedió allí en realidad? Mire de nuevo en su «Árbol». Hay un proceso en el estudio de la Cábala que se llama «elevación en los planos» que es muy secreto. Tendrá que jurar y volver a jurar que guardará secreto con el fin de «obtener» una versión suavizada de este proceso, de las sociedades ocultas secretas (si queda alguna de ellas, o de alguna que pretenda serlo). Bien, lo que hizo esta mujer era y es «Elevarse en los Planos». «Ascendió» desde el plano final material físico más bajo para entrar en contacto con las «Fuerzas» que rigen y gobiernan la primera creación del objeto que estaba contemplando. Asimismo, sin saber lo que estaba haciendo, había tomado contacto con el «Dios» de aquel lugar-plano por el hecho de que siguió la integración-operación satisfactoria del modelo contemplado que había unido. Repito que toda la operación fue hecha inconscientemente, y usted puede considerar cómo podía haber sido si lo hubiera hecho conscientemente, con pleno conocimiento, ¡¡tal como le ha sido explicado, incluso hasta aquí!!

Voy a apartarme un momento de esto y a explicarle algo que puede que haya observado y de lo cual se haya maravillado.

En este libro se han descrito las partes del diagrama del Árbol de la Vida. Habrá observado que los Sefirots circulares estaban conectados con líneas llamadas «sendas». En este libro no trataremos de estas sendas más que para decir que son como los cables de la instalación eléctrica de un edificio. Se utilizan para llevar las «corrientes» de un Sefirot a otro. La fuerza de dinamita está en los Sefirots circulares, no en las sendas. Estas solo establecen conexión —no suministran fuerza—, solo la conducen.

Hay una escuela de Ocultismo en California del Sur que dedica un curso de cuatro años de duración al estudio de estas sendas tal como vienen incorporadas en los Arcanos Mayores de las cartas del Tarot. Asistí a este curso de cuatro años, pero descubrí que la Fuerza estaba en los Arcanos Menores del Tarot y entonces hallé la forma de aprovechar esta fuerza. Los Arcanos Menores son las cartas «pequeñas» de la baraja del Tarot.

Así pues, las instrucciones para su primer trabajo en la clarividencia son claras: debe empezar a proyectarse usted mismo «hacia dentro» y «hasta» los orígenes básicos de las cosas en que está interesado. Debe empezar a PENSAR con imaginación acerca de estas cosas Y ESPECIALMENTE LA COSA ESPECIAL EN LA QUE ESTÁ INTERESADO. Como ya he dicho, se encontrará cada vez más conectado a una cosa-objeto especial con exclusión de la mayoría de los demás.

Y, en muchas personas hoy en día, usted encontrará probablemente que el objeto de interés será alguna fase de actividad de negocios en vez de objetivos más metafísicos. Esto es bueno, pero no descuide sus estudios de Iluminación.

La Iluminación y las ventajas relacionadas con la misma vendrán después de la utilización con éxito de casi todos sus estudios Psíquicos y Prácticos o quizá, también, de algún tipo de búsqueda en Ocultismo.

He encontrado que esta práctica es correcta, y que el crecimiento de lo «Psíquico» a lo «Espiritual» es natural. Al menos, así lo ha sido para mí y se lo transmito a usted lo mejor que puedo. Sin embargo, no quiero que me siga ciegamente en nada ni de cualquier modo. Usted habrá oído hablar de los «pronosticadores» en Ocultismo que dan vagos consejos sobre algunas cosas sin que realmente se produzcan ni sigan la tónica de lo que están realmente hablando. Pero, para estar en el lado seguro, compruébese usted mismo y sus sentimientos en cada paso del camino. Va a desarrollar dudas y temores, tómeselo con calma y avance con más prudencia.

No hay nada que sea peligroso en el Ocultismo ni en desarrollar la clarividencia ni ningún otro Poder ni Fenómeno Oculto, y no deberá temer nada, pero no haga cosas solo porque yo las menciono aquí. No soy ningún Mesías ni enviado de Dios, sino solo un humilde y modesto maestro en este tema.

Estas palabras constituyen el final de esta sección y empezaremos otra seguidamente.

Líneas «pegajosas» de materia astral

ABRIREMOS ESTA SECCIÓN presentándole un buen libro sobre Ocultismo, uno de los pocos libros sobre este tema disponibles actualmente. El Instituto Gnóstico tratará de tener siempre ejemplares de este libro disponibles, mientras no se agoten, y parece que continúa manteniendo las existencias. El título de este libro es *The Secret Source Behind Miracles* (La fuente secreta que está detrás de los milagros), del que es autor Max Freedom Lang. Puede que lo haya leído o que incluso lo tenga.

Este libro contiene una gran cantidad de buenos conocimientos de lo Oculto, PERO hay una parte que es muy reveladora y valiosa y, de hecho, esta sola sección vale todo el libro.

Esta sección trata de lo siguiente. Parece que cuando los primeros misioneros blancos llegaron a Hawai, encontraron que los nativos eran muy receptivos y que los acogieron muy bien (de hecho, eran tan receptivos que los perspicaces y astutos misioneros de Nueva Inglaterra fueron capaces de comprar la tierra a los nativos a razón de unos pocos centavos por acre ¡y finalmente acabaron por apropiarse de todas las islas! Como Jack London dijo en alguna parte, fueron a llevar a los paganos el pan de Vida y luego se sentaron y participaron ellos mismos en el banquete.

Los líderes espirituales-religiosos de los hawaianos se denominaban Kahunas. Estos Kahunas practicaban una magia simple y primitiva basada en gran parte en la clarividencia natural y en otras fuerzas. Es un misterio para mí por qué no se dieron cuenta de los manejos de los blancos y no los echaron de las islas.

Bien, sea lo que fuere, los hechos son que los Kahunas se dieron pronto cuenta de cómo eran los hombres blancos y fueron perdiendo contacto con ellos, especialmente por lo que se refería a su religión clarividente.

Años más tarde, cuando míster Long llegó con su interés pon lo Oculto, quedó intrigado por esta laguna en la comunicación y estuvo durante muchos años buscando un eslabón de conexión.

Max Freedom Long sabía que los Kahunas efectuaban muchas prácticas de Ocultismo, que indicaban el hecho obvio de que algunas conexiones se hicieron, se crearon y existían entre todas las clases de objetos en diferentes puntos distantes cada uno del otro en el espacio y aun en el tiempo. Y, si se detiene a pensar —contemplar— que todo lo mágico —todo lo que ha oído— siempre tendría que tener dispositivo como base, «hilos» de contacto pegajosos básicos que serán descritos en el próximo material.

El gran descubrimiento llegó, Y ESTO ES LO QUE YO DESEO QUE ESTUDIE CONCIENZU-

DAMENTE, cuando a míster Long se le ocurrió examinar el diccionario original más antiguo del lenguaje hawaiano confeccionado en los primeros tiempos cuando los Kahuna eran todavía amigos de los blancos.

A MÍSTER LONG SE LE OCURRIÓ BUSCAR EL SIGNIFICADO DE LA PALABRA HAWAIANA ESPÍRITU, Y HALLO QUE LA PRIMITIVA DEFINICIÓN DE ESTA PALABRA ERA «PEGAJOSO». Confío que usted se dará cuenta del significado de esta definición.

En este caso, «pegajoso» se aplica a TODO LO QUE LA MATERIA ASTRAL (ESPÍRITU). UNA PARTE DE LA MATERIA ASTRAL PERMANECE SIEMPRE CONECTADA AL OBJETO TOCADO, ESTA SIEMPRE ALLÍ.

Ahora analicemos esto de nuevo y empecemos en algún lugar: usted y los objetos de su casa están saturados de Materia Astral (en los Planos Interiores). Todos están conectados entre sí por todas partes por «cuerdas» de materia Astral pegajosa.

Estas «cuerdas» de Materia Astral pegajosa son «más fuertes» que el acero y probablemente nunca se podrán romper. (Tengo que estudiar las posibilidades de romper estas cuerdas por algún medio mágico y ver si esto puede hacerse.)

TODAS LAS COSAS ESTÁN CONECTADAS Y UNIDAS POR ESTOS HILOS MÁGICOS DE MATERIA ASTRAL. ¿Recuerda las líneas-senderos del Árbol de la Vida? ¿Recuerda que todas las cosas en la Existencia Física están asociadas con alguno de los Sefirots circulares? Estas sendas se componen de Materia

Astral, y dichas sendas pueden transmitir toda clase de cosas: vibraciones, sensaciones, emociones, ideas mentales, deseos y órdenes de dirección, imágenes, imágenes imaginativas. ¡¡Estos Hilos pegajosos de Materia Astral son las sendas hacia los Dioses que gobiernan todas las cosas!!, todas las Cosas Físicas.

Estas Sendas de Materia Astral son buenas para todos los tipos de Magia, como ya he dicho, pero en este libro nos interesa su utilización en la clarividencia, por lo que procederemos en este sentido.

Ahora, por supuesto, usted deberá empezar en alguna parte y en todas las operaciones de cualquier tipo —Física, Material, Clarividente y Mágica—, tenemos que empezar con el EXTERIOR.

Considerando la idea exterior, podemos investigan un poco sobre algunas de las prácticas de clarividencia de la pasada historia, teniendo en cuenta los hilos mágicos de conexión de Materia Astral que los antiguos no conocían o, de conocerlos, no los difundieron ampliamente.

Los antiguos operaban con el proceso clarividente lo mejor que pudieron con los medios que tenían a su disposición y también con el escaso conocimiento que tenían, y cuyo conocimiento era más bien clarividente que real.

Por ejemplo, mataban —sacrificaban— un cordero y examinaban su hígado. No sé exactamente lo que encontraban y en qué basaban su predicción de clarividencia, peno algún aspecto en el color o en la forma del hígado sugería, a través de los hilos básicos de material pegajoso de Materia Astral, una solución al problema cuya respuesta estaban buscando.

Recapitulemos: los hígados de todos los corderos están conectados con uno de los Sefirots (y están regidos pon uno de los Sefirots) mediante hilos, cuerdas de material Astral Oculto. Este Sefirot al que están conectados los hígados resulta ser, en este caso, el Sol. Sefirot central; rige astrológicamente Leo y por esto todas las cosas pertenecientes a Leo o regidas por Leo están abiertas, clarividentemente, al hombre que se dedica a la adivinación. (Todas estas cosas han sido descritas antes.)

Obsérvese que el hígado físico real que estaba presente y se utilizó en este caso no tenía nada que ver con la transmisión del conocimiento clarividente, SOLO LOS «HILOS» QUE CONECTAN TODOS LOS HÍGADOS AL SEFIROT, EL SOL, TRANSMITÍA EL MENSAJE AL ADIVINADOR.

Esta conexión se realizó también parcialmente cuando algunos adivinadores averiguaron que un modelo de hígado hecho con arcilla también servía. Y ya me dirá usted por qué un modelo de arcilla también servía.

Una vez, hace muchos años, cuando iba a la universidad, seguía un curso de Zoología y uno de los ejercicios consistía en cortar y abrir un gusano de tierra y estudiar sus órganos internos mediante un microscopio binocular. Me quedé sorprendido con los colores de las vísceras interiores y recibí un estímulo de estos colores, lo cual no reconocí entonces, pero sí ahora, años después. No sé exactamente qué «Dios» rige los gusanos de tierra, pero supongo por deducción que, como el gusano vive en la tierra, tiene una comunicación directa con la Tierra, y la Tierra está regida pon Saturno.

Así pues, por ejemplo (yo no es probable que lo haga), si yo hubiera estado buscando una respuesta de adivinación, podría haber buscado una respuesta a través de una criatura de la Tierra y los consiguientes hilos de fijación de Materia Astral. Sin embargo, a mí, personalmente, me horroriza matar y le aconsejo que no siga demasiado de cerca las ideas anteriores. De todos modos, usted no necesita las antiguas ideas de matar, ya que es lo bastante moderno para reconocen sustitutos metafísicos tales como los símbolos, y nosotros utilizaremos esas cosas primeramente, pero más tarde cambiaremos a medios mentales puros.

Vamos a resumir las clases de clarividencia utilizadas en los tiempos antiguos. Como ya he dicho antes parcialmente: las partes interiores de los animales, hígados de corderos, gallos, pájaros. Después los dibujos de formación sugestiva formados pon cenizas llameantes: de las quemas de dos clases diferentes de madera (adivinación por el fuego). Los dibujos causados por las hojas de té en el fondo de una taza —formas hechas al azar— sugieren ideas al lector siguiendo los hilos de Materia Astral fijados como usted sabe. Resplandores de relámpagos. Los arrullos de palomas y otros pájaros. Vuelos de pájaros en bandadas y solos. Movimientos de las nubes en el cielo (adivinación por el Aire). Una gota de tinta en la palma de la mano. Mirando a espejos planos y cóncavos. Agua vertida sobre una piedra o roca plana, que cree reflejos. Un trozo pulimentado de carbón como el utilizado pon el doctor Dee y míster Kelly en su trabajo y que aún se puede ver en el Museo Británico. Aceites de colores vertidos en agua y el estudio de los dibujos consiguientes. La observación de una bola de cristal o de vidrio. Se han mencionado las hojas del té, pero también se utilizan sedimentos de café molido. Mucha gente echa palos o huesos al suelo y observa los dibujos que hacen los mismos. Los dedos y las fichas de dominó también se tiraban al suelo para observar e interpretan las formas resultantes. Las rayas de la palma de la mano también se leían y se leen actualmente.

Ahora piense que todas estas acciones se hacían con una PREGUNTA en la mente. En realidad, cada tipo de pregunta debería tener una acción de adivinación apropiada y en estricta correspondencia con la NATURALEZA de la pregunta planteada. Pon ejemplo, en una pregunta sobre GUERRA se deberá utilizan el fuego para la adivinación. En los ejemplos que he examinado sobre estas antiguas formas, no se mencionó nunca este punto en particular, pero hay que hacerlo aquí. Probablemente la pregunta —el que preguntaba— fue al adivino o al templo correctos para su adivinación, y este hecho no se puso como ejemplo. ¡O quizá fue al lugar incorrecto y obtuvo una respuesta incorrecta!

Yo mismo no necesité nunca tratamiento de adivinación. Siempre fui capaz de prever el futuro más o menos claramente, y porque ignoraba el futuro, siempre parecía ser capaz de regularlo dentro de ciertos límites por mis ensueños y las visualizaciones de mis ensueños.

Esta observación anterior fue confirmada también por el hecho de que cada vez que visitaba a un adivino para divertirme, este me decía: «¡Usted tiene todos los Poderes que necesita para hacen su propia adivinación!». Y aunque no me daba cuenta de ello entonces, ahora puedo mirar hacia atrás y ver que era verdad. Así pues, ahora trato de traspasárselo.

Desearía haber hecho más visitas hasta ahora, puesto que así podría facilitar más datos. Una vez visité a un adivino que leía en las hojas de té y obtuve una gran cantidad de ideas en cuanto a sus métodos, pero hasta ahora no había tenido un gran interés en el Ocultismo y no tomé nota de los métodos utilizados durante las primeras visitas.

Un amigo mío estaba en apuros hace mucho tiempo y me rogó que lo acompañase a visitar a una «strega» (bruja italiana). Fuimos a su casa y observé su trabajo, que fue muy instructivo para mí. Vertió té en nuestras tazas y en la suya, que bebimos todos hasta que quedaron las hojas solo. Luego tomó nuestras copas una tras otra, y mientras iba mirando el interior de las mismas profería en voz alta una retahíla de palabras, la mayoría de las cuales eran ininteligibles y consistían en una jerigonza, PERO, NO OBSTANTE, DE VEZ EN CUANDO, «SALÍA» UNA FRASE CON UN MENSAJE/SIGNIFICADO CLARO E INCONFUNDIBLE y de esta forma mi amigo obtuvo su mensaje que resultó ser correcto y se convirtió en realidad.

Clarividencia general

Los métodos que usted aprenderá a utilizan en este libro no son tan interesantes como lo era y lo es el material anterior. Usted va a realizar la mayor parte de su trabajo clarividente a través de imágenes mentales y sus asociaciones y no utilizará ningún símbolo animal ni de sangre en absoluto. No obstante, se permite el uso de perfumes e incienso y música en relación con su trabajo de clarividencia meditativa.

Existen complicados sistemas de varios tipos de incienso, perfumes y color y música, etc., que se pueden utilizar en relación con su trabajo de clarividencia y que, cuando esté más adelantado, podrá añadir a sus operaciones de clarividencia. Pero, para empezar puede utilizar las cosas sencillas. Tenemos varias fuentes de suministro de estas cosas, por lo que será conveniente que nos escriba cuando esté preparado y entonces nos pondremos en contacto con usted. Como hemos dicho, será suficiente utilizar cosas sencillas como un poco de música, un simple incienso y quizá un simple perfume. Utilice las tres cosas juntas.

Hay dos clases principales de trabajo clarividente, especial y general, y usted utilizará probablemente el General más que el otro.

Asimismo, bajo el epígrafe de General viene la clarividencia natural que usted probablemente utilizará de la forma más natural, y que es su meta deseada: un caudal cálido y natural de concepciones buenas, amplias, claras y precisas; y unas ideas bien definidas seguidas de impresiones bien definidas con un sentimiento —aura— de precisión y de correcta exactitud acerca de ellas. Es un sentimiento de exactitud que no necesita ningún examen posterior para ser experimentado como un DERECHO. Si tiene que pararse a examinar/pensar, esto no es, pues, una expresión clarividente natural.

Ahora bien, no se preocupe por esto ni crea que debe alcanzar todas las aptitudes para la clarividencia inmediata. ESTO DEBE LLEGAR COMO EL DESARROLLO PRODUCIDO POR EL CRECIMIENTO, Y SI USTED EXPERIMENTA QUE DEBE DARSE CUENTA DE ESTO —QUE DEBE DETENERSE A EXAMINARLO—, ENTONCES ESTO NO SERÁ SU CLARIVIDENCIA NATURAL. Espere, estudie y asimílelo cuidadosamente y llegará, pero sin darse cuenta, y esta es la forma en que DEBE ser.

Repetiré algo del párrafo anterior. Bajo el epígrafe de clarividencia General-Natural llega un estado de ESENCIA, en el cual cada complejo de acción-decisión que usted, como persona, debe afrontar o hacer en su ronda diaria de las actividades de la Vida —cuando se le presenta este complejo-muestra de la acción/decisión necesaria para una solución que ha de ser razonablemente correcta y precisa—; después de que haya experimentado un periodo de entrenamiento, tendrá también a disposición de su percepción otro completo-modelo que le ayudará a hacer una decisión correcta —UNA DECISIÓN CORRECTA NO BASADA SOBRE EVIDENCIA DE TIPO MATERIAL PREVIAMENTE CONSIDERADA, SINO BASADA SOBRE LA PURA INTUICIÓN, BASADA SOBRE LA CORRECTA EVALUACIÓN DE VARIOS FACTORES NO POR MÉTODOS/USOS OBVIAMENTE MENTALES Y METAFÍSICOS. Una especie de supertipo de evaluación de inteligencia que CONOCE en vez de pensar o razonar objetivamente.

Este tipo de clarividencia general puede ser la herramienta de su vida en el futuro. Siguiendo el dominio de su memoria del material ya dado y la meditación mental constante sobre el Árbol y sus modelos de «Dioses» y lo que ellos rigen, y algún proceso como el que sigue al ejemplo antes citado de la mujer en la tienda.

Lo que antecede es un buen ejemplo del planteamiento natural del uso de la clarividencia general, y es mi ferviente deseo de que mediante estas lecciones adquiera esta valiosa facilidad.

Clarividencia especial

H AY OTRO TIPO de clarividencia «especial» que vamos a considerar ahora.

Por clarividencia especial quiero dar a entender una búsqueda para la respuesta a una pregunta en particular.

Para ilustrar esto, consideremos el siguiente problema: Una mujer desea vender una parcela de terreno a un precio ventajoso.

Para ilustrar este problema más completamente, sabemos que Saturno rige las propiedades inmobiliarias. (Conozco un agente de la propiedad con mucha suerte cuyo signo de nacimiento es Virgo, en el que Saturno es exaltado. También le gustan las casas antiguas y las compra y arregla.) La mujer propietaria del terreno sabía que Saturno regía las propiedades y lo invocó para que la inspirase para conservar la propiedad en buen estado y para reforzar todos los puntos adecuados de la propiedad, lo cual hizo.

Sin embargo, Saturno no rige las ventas de ningún tipo. Por lo tanto, para hacer una operación de venta en buenas condiciones, tenía que entrar en juego o había que invocan la ayuda de la fuerza de otro

Dios. Y usted sabe de qué Dios se trata. Se trata de Hermes, por supuesto.

De acuerdo con esto, la mujer desvió su atención consciente y concentrada hacia Hermes y hacia todas las cosas que él rige y representa. Fue incansable en su pensamiento sobre las cosas de Hermes y las relacionadas con él. ¿Recuerda cómo los rayos de Materia, Astral conectan todas las cosas? Ella utilizaba estos rayos, rayos pegajosos, para transmitir a Hermes sus deseos/sentimientos acerca de la venta con éxito de su propiedad.

Después de un periodo de tiempo razonable, «Hermes» respondió enviando un mensaje — sensación — inclinación — sobre los teléfonos (usted recordará que Hermes rige los teléfonos y todos los sistemas de comunicación conexos).

El mensaje de Hermes llegó en forma de un fuente deseo/sensación de llamar a un determinado abogado a quien ella conocía. (¡Hermes rige también a los abogados!). El mensaje era tan fuerte que ella llamó personalmente al abogado y en el transcurso de una conversación mencionó que quería vender su propiedad. El abogado se interesó enseguida pensando en un cliente suyo que se iba a trasladar a aquella ciudad, y este interés se transformó en la rápida venta de la propiedad a un buen precio.

Creo que se dará usted cuenta de que en el relato que antecede se han omitido muchos detalles, que deberá tener en cuenta cuando empiece con el mismo proceso en su vida.

Aun a riesgo de ser repetitivo, vuelvo a comentar el relato anterior para el caso de que no lo haya comprendido bien. En este caso, había una parcela de terreno para vender (podría ser cualquier tipo de transacción, de negocios e incluso social). Con el fin de llevar a cabo con éxito la operación de venta de la propiedad, en la forma que ella quería, la persona de que se trata, en este caso una mujer, añadió una parte de Ciencias Ocultas a una transacción ordinaria. Al estar ella algo familiarizada con los temas del Ocultismo y del Conocimiento de lo Oculto, disponía de los requisitos básicos de esta materia, necesarios para una solución satisfactoria a su problema. Sabía que Hermes regía las ventas de las propiedades inmobiliarias. Se puso en contacto con Hermes en su imaginación-mente. Podía haber hecho esto en varias formas diferentes, todas las cuales eran potentes, pero esta vez ella se concentró solo en este Dios en general. Recibió a tiempo una impresión clara de una forma de actuar que implicaba otros instrumentos regidos por Hermes. Y luego, siguiendo esta idea-impresiones, llevó a feliz término la transacción deseada.

En los métodos generales descritos anteriormente, que usted puede adoptar y utilizar, en casi todos los casos, necesitará ayuda. Y aunque en realidad no la necesite, podrá obtener una sensación general de bienestar cooperativo al no tener la sensación de conflicto con los objetos de sus deseos o metas de trabajo.

Esto es a lo que me refería al principio de este libro cuando decía que mucha gente tiene una afinidad natural a la clarividencia, y las operaciones precedentes son verdaderas prácticas clarividentes incluso si no las reconoce inmediatamente como tales debido al malentendido total previo de lo que constituye la clarividencia. O, dicho de otra forma, muchas personas que triunfan tienen una conexión natural y sin obstáculos con el destino de su signo del Zodiaco, o hacen nuevas conexiones fácilmente, que actúan casi automáticamente para ellos.

Yo mismo no tuve éxito de forma natural. Tuve que sufrir las angustias del infierno para ordenar mi vida. Pero triunfé, y si yo lo hice también puede hacerlo usted. Yo le daré aquí los métodos lo más libremente que pueda. Y puedo asegurarle que funcionan.

Puede que, al principio, esté usted en una situación complicada en su vida y que tenga que organizar a fondo, básicamente, su vida antes de que pueda empezar. Yo lo hice, tuve que organizar toda mi vida que estaba llena de confusión y de desorden, antes de empezar. Y para llevar a cabo esta organización deberá luchar consigo mismo y tener sus propias ideas, nadie puede hacerlo por usted.

Clarividencia divina. Iluminación

EN LAS SECCIONES anteriores hemos considerado, más o menos, los aspectos muy prácticos y las aplicaciones muy prácticas de la clarividencia, aunque usted no hubiera reconocido las prácticas de la clarividencia (la clarividencia ha sido considerada hasta ahora como adivinación, o asociada con médiums en trance, con la adivinación por las cartas, con la buenaventura, etc.). Lamento si lo he impresionado al ampliar los significados ordinarios, hasta ahora básicos, de la clarividencia hasta estas nuevas aplicaciones, pero todas las enseñanzas de Ophiel son de esta índole, nuevas y sorprendentes, no triviales ni vulgares.

En esta sección, y en las siguientes, consideraremos y analizaremos otro tipo de clarividencia que, a falta de un nombre mejor y más descriptivo, lo denomino Clarividencia Divina.

Otro nombre de la Clarividencia Divina es Iluminación, del que tanto se ha hablado en Ocultismo y, de hecho, parece ocupar la mayor parte de la atención de muchas escuelas, aunque no he visto todavía una escuela que realmente se ocupe de ello. Todas las veces que, en el pasado, buscaba la «Verdad» y entraba en contacto con una y otra escuela, hallé, como he dicho, que decían fanfarronadas y que al final no llegaban a ningún resultado. Así pues, por este motivo, me vi obligado a investigar por mí mismo. Todo lo que averigüé lo he escrito en mis libros.

Averigüé que habían ciertas cosas, pero la mayoría de estas pertenecían a este plano más bien que a algún otro tipo de plano exaltado.

Estaba en este punto cuando descubrí que ambas cosas estaban combinadas. Hallé que una «gran» persona aquí en este plano, persona que llevó a cabo muchas realizaciones en este plano físico, ERA TAMBIÉN, EN MUCHOS CASOS, DE TIPO ESPIRITUAL EXTREMADAMENTE ETÉRICO.

Con lo que antecede no quiero decir que se trata del tipo hipócrita religioso cuadrangular que predica una religión pero que no la «cumple». Yo no hago referencia a ninguna religión. Usted solo estudia algún «gran» personaje que podría encontrar y buscar la «espiritualidad». Sin duda alguna la encontrará allí.

En este punto opino que la espiritualidad viene del uso del Poder Físico-Mental y a partir de allí crece HACIA ARRIBA, y esta idea le dará la pista acerca de la dirección que debe seguir y que es la siguiente: Utilice todos sus poderes, incluso los mentales que resultan de sus estudios de Ocultismo sobre los Planos Interiores, y utilícelos para que, en este plano, realicen un mejor trabajo en este Plano Físico. Y al hacer un mejor trabajo en este Plano Físico, usted también utiliza la «materia» de los otros Planos Interiores simultáneamente, y de esta forma construye y revitaliza esta materia de los planos interiores, que es lo que se considera «espiritual» y tendrá que pasar por espiritual hasta que llegue algo mejor y hasta ahora no ha llegado nada mejor. Por tanto, si usted busca Iluminación y espiritualidad tan solo, concéntrese primero exclusivamente, si quiere pensar así, en las Cosas Físicas mundanas de este Plano Terrenal y, al conquistarlas, podrá obtener todo el resto.

El Cuerpo de Luz
y las imágenes de Dios

Hay otro método que puede utilizar si todo lo que está buscando es un tipo de Espiritualidad. Probablemente no le perjudicará practicar los siguientes métodos —practicar este método como algo preliminar de su futuro trabajo—, el tipo de trabajo descrito previamente.

En el primer libro que escribí, titulado *Arte y práctica de la proyección astral,* detallé cuatro sistemas de proyección. Uno de estos sistemas es el denominado Método del Cuerpo de Luz.

En este método, una persona crea, en un plano interior, un cuerpo compuesto del material de ese plano que, en todos los casos de Planos Interiores, se compone de luz y por esto se le denomina Cuerpo de Luz.

Ahora bien, este Cuerpo de Luz es muy flexible y puede adoptar cualquier forma. He aquí, pues, su posibilidad de poder. Usted recordará el aspecto de los diferentes Dioses y Diosas por haberlos visto en grabados, estatuas, etc. Siga las instrucciones detalladas antes en el libro sobre la forma de visualizar los símbolos y otros objetos y fíjelos bien en su memoria.

Cuando haya dominado ambas técnicas —el Cuerpo de Luz y la memorización de imágenes visualizadas—, habrá que hacer lo siguiente. Elija el Dios o la Diosa con el que desee entrar en contacto —cree su Cuerpo de Luz—, cree su imagen de Dios y MEZCLE LOS DOS EN UNO.

Esta experiencia será asombrosa y gratificante para usted. Este libro de acción le hará entrar en estrecho contacto y relación personal con los «Dioses». Recuerde que estos «Dioses» son solo combinaciones de Fuerzas y que no debe cometer el error de adorarlos, venerarlos ni rendirles culto. Repito que no tienen ningún poder por sí solos —son únicamente una combinación de Fuerzas— son solo las herramientas que usted utiliza al aprender a utilizarlas correctamente.

Pero en su aprendizaje —para saber cómo utilizar estas herramientas— no olvide que está progresando espiritualmente.

La Luz Astral

En la primera parte de este libro he introducido una concepción básica general de la Clarividencia que admito que es muy diferente de la idea que el estudiante tiene normalmente de la clarividencia. Sinceramente, espero no escandalizar ni asombrar a muchos estudiantes de Ocultismo por esta singular exposición mía. Siempre he estado profundamente convencido de que el uso y manejo correctos de lo Oculto de lo Mágico solo pueden efectuarse mediante el perfecto conocimiento de los Principios del Ocultismo, y esto es lo que todos queremos, ¿no es así? Mis razones para pensar así son las siguientes: cuando me daba cuenta de que comprendía algo, y más tratándose del Ocultismo, podía luego utilizarlo o desarrollar un método rápido de utilización. Por lo tanto, de acuerdo con la idea anterior, procedí a explicar la Naturaleza de la Clarividencia, primero racionalmente, y posteriormente di prácticas basadas en aquella presentación de la Clarividencia. Recuérdese que, como he dicho anteriormente, la Clarividencia precede a todas las operaciones mágicas y está muy relacionada con estas, PERO como este libro trata de Clarividencia, solo se pondrá énfasis en la Clarividencia en este libro, y las operaciones mágicas subsiguientes relacionadas con la misma serán tratadas en uno próximo (que se podrá obtener mediante pedido y en el que hay bastante gente interesada).

Desde que empecé a escribir esto estoy todavía asombrado de la inmensidad de este tema y de mi capacidad para tratar, durante mi vida o en el transcurso de toda una vida, solamente una pequeña fracción del tema, pero en vez de no escribir nada en absoluto sobre ello trataré de desarrollarlo lo más que pueda y dejaré el resto para más adelante. Algo de esto es repetitivo, pero conviene estudiarlo de todas formas.

FUERZAS PODERES ELEMENTALES Y SU RELACIÓN CON LA CLARIVIDENCIA. Todo el Universo Físico se compone de Fuerzas Elementales y de las Percepciones de las mismas. Nada es Físico en el sentido de que las cosas existen realmente fuera de nuestra percepción de las mismas. Todas las cosas no son nada más que Percepciones de Fuerzas Elementales. (Yo dije que el tema iba mucho más allá de casi todas las concepciones humanas, y espero que tendrá usted bastante capacidad de asombro, como yo la tengo.)

Ahora bien, descartando lo anteriormente expuesto, sigamos adelante dejando la parte intelectual básica para el tiempo que queda y consideremos la cuestión de lo que, exactamente, está relacionado con las Fuerzas Elementales para que tengamos un mayor contacto con ellas y de lo que nos influencia directamente tanto «allí» como «aquí».

La respuesta a esta pregunta es la siguiente: cuando haya leído el libro titulado *Arte y práctica de la proyección astral,* y haya dominado las prácticas contenidas en el mismo hasta el punto de que cuando ocasionalmente abra su único ojo interior hacia un Plano Interior USTED NO VERÁ NADA MÁS QUE UNA LUZ BLANCA. Ahora trataremos acerca de esta «Luz Blanca» y su naturaleza.

Primero reproduciré algunos conceptos sobre lo que los demás han dicho acerca de lo que yo denomino la «Luz Blanca» y su naturaleza.

Muchos siglos atrás, un Maestro de Ciencias Ocultas hizo grabar —escribir— un mensaje en una gran piedra esmeralda. Este mensaje no era muy largo y estaba muy resumido, habiéndose eliminado del mismo todas las palabras superfluas, ya que era necesario hacerlo así por ser tan limitado y valioso el espacio destinado al mensaje.

Este mensaje indica lo que hay que saber sobre «esto» con el fin de comprender la naturaleza Y CÓMO UTILIZAR EL AGENTE QUE ALLÍ SE MENCIONA. Existen muchas traducciones de este «mensaje», cuyos textos difieren ligeramente, pero todos tienen el mismo significado en general. He aquí una versión de dicho mensaje:

MENSAJE SOBRE LA ESMERALDA

Verdadero, sin falsedad, cierto y muy verdadero, que lo que está arriba es como lo que está abajo, para el cumplimiento de los milagros de Una Cosa. Y como todas las cosas proceden

de Uno, por la mediación de Uno, así también todas las cosas tienen su nacimiento en esta Una Cosa por adaptación. El Sol es el padre, la Luna es la madre, el Viento la lleva en su vientre, su nodriza es la Tierra. Este es el Padre de toda la perfección, o consumación del mundo entero. Su poder es integrador si se aplica a la tierra. Tu separarás la tierra del fuego, lo sutil de lo burdo, suavemente y con gran ingenuidad. Asciende desde la tierra al cielo y desciende de nuevo a la tierra, y recibe el poder de los superiores y de todos los inferiores. Así tú tienes la gloria de todo el mundo; por lo tanto, deja que toda la oscuridad huya ante ti. Esta es la poderosa fuerza de todas las fuerzas, que vence a todo lo sutil y penetra en todas las cosas sólidas. Así fue creado el mundo. Así se produjeron todas las adaptaciones maravillosas, de las cuales esta es la manera. Por lo tanto, me llamo Hermes Trismegistos y tengo las tres partes de la filosofía de todo el mundo. Y esto es todo lo que tengo que decir en relación con la Actuación del Sol.

A continuación reproduzco algunos extractos de libros que han tratado sobre este «Agente». Sin embargo, estos son los únicos extractos y esta es la única forma en que puedo presentarlos. En los libros de los que se han extraído están mezclados con otras cosas que son solo paja y que forma un conjunto de material confuso, sin sentido y que no tiene nada que ver con este tema. He seleccionado el material que corresponde al «Agente» y lo transcribo a continuación.

Esta sustancia es lo que Hermes Trismegisto denomina el gran TELESMA.

«Esta sustancia se llama Luz.»

«Es esta sustancia lo que Dios Crea antes que nada», cuando Él dice «Hágase la Luz».

«La voluntad del ser inteligente actúa directamente sobre esta luz, y por medio de ella incide sobre toda esa parte de la Naturaleza que está sometida a las modificaciones de la inteligencia.»

«Esta luz es el espejo común de todos los pensamientos y de todas las formas; conserva las imágenes de todo lo que ha sido, los reflejos de mundos pasados y, por analogía, los proyectos de los mundos futuros. Es el instrumento de la taumaturgia y de la adivinación.»

«En las estrellas (de los Planos Interiores) que magnetiza, se convierte en Luz Astral.»

«Es fluido y vibración perpetua.»

«Esta sustancia es Cielo y Tierra; sutil o fija, según sus grados de Polarización.» (Polarización significa, en este caso, dar la vuelta en la misma dirección.)

«Un Himno Gnóstico. Una fuente única, una raíz de luz única, sale en chorro y se esparce en tres ramas de esplendor. Un hálito sopla por toda la tierra y vivifica en innumerables formas todas las partes de la sustancia animada.

«La luz, sometida a movimiento, es volátil. Cuando vuelve al estado de reposo, se queda fija.»

«Existe en forma elemental una sustancia (la luz) indiferente tanto al movimiento como al reposo. Sometida a movimiento, es volátil (movible); cuando vuelve al estado de reposo se queda fija (¡sólida!).»

«El movimiento es inherente en esta Primera Sustancia. Y esta capacidad para moverse en cualquier dirección que lleva aparejada no se debe a su indiferencia, sino a su APTITUD inherente.»

«Este gran Agente puede así moverse y fijarse. Pero el Movimiento y la Fijación se pueden equilibrar recíprocamente. El reposo absoluto no existe en ninguna materia viviente universal.»

«Cuando la Luz está fija atrae a la Luz volátil para fijarla.»

«Cuando la Luz es volátil atrae a la Luz que está fija para volatilizarla.»

«El supuesto "reposo" de las partículas de la Luz aparentemente fija no es nada más que una mayor lucha desesperada y una mayor tensión de la Luz. Las dos fuerzas, la Fija y la volátil, en la materia "sólida" se neutralizan simplemente la una a la otra y de esta forma aparecen como inmóviles.»

Y esta es la razón (como Hermes dejó escrito en el mensaje de la esmeralda), «por la que lo que está arriba es como lo que está abajo». La misma fuerza que hace aumentar de volumen el vapor contrae y endurece el hielo. Todo obedece a las Leyes inherentes a esta sustancia de Luz original. Esta Luz puede atraer y repeler con una armonía coherente. La Luz es doble en todos sus aspectos. La Luz es andrógina en todos sus aspectos, es decir, que puede ser tanto positiva como negativa por su dirección. ¡Puede abarcarse y fertilizarse a sí misma. Nunca está en «reposo» porque el reposo sería su muerte. Esta Luz, cuyo nombre hebreo es AOUR, es el ORO viviente y fluídico de la Filosofía Hermética. La forma positiva es lo que ellos siempre han llamado su Sulpher (Fuego).

Dirigir las fuerzas magnéticas es destruir o crear formas, surgir en aspectos o destruir cuerpos; es ejercitar el poder omnipotente de la Naturaleza.

«Nuestro» medio plástico es un imán que atrae o repele la Luz Astral bajo la presión de la Voluntad. Es un cuerpo luminoso que reproduce con la mayor facilidad formas correspondientes a ideas. Es el espejo de la imaginación.

El cuerpo Astral se alimenta de la Luz Astral de la misma forma en que el cuerpo orgánico se alimenta de los productos de la tierra.

Avicena dijo en el siglo X: «La imaginación del hombre no solo puede actuar sobre su propio cuerpo, sino también sobre otros cuerpos aunque estén muy distantes. Puede fascinarlos y modificarlos; hacer que se pongan enfermos, o restaurar la salud de los mismos».

Marcus Fienus, médico de Florencia, dijo en aquel mismo siglo: «Un vapor, o un cierto espíritu, emitido por los rayos de los ojos, o de alguna otra manera, puede causar efecto en una persona cerca de usted».

Van Helmont, descubridor del láudano, del amoníaco, de las sales volátiles, etc., en el siglo XVI mantenía también opiniones similares a las de Mesmer. Dijo lo siguiente: «El magnetismo es la influencia oculta (luz astral) que ejercen los cuerpos, los unos sobre los otros, a distancia (no hay distancia en los planos interiores), medio de la atracción y la repulsión». A esta influencia le dio el nombre de «Magnale Magnum», igual que lo hizo Elias Levi muy posteriormente en el siglo XIX, y HABLÓ DE ELLA COMO LA LUZ ASTRAL. Helmont la concibió no como una cosa corporal, sino como una esencia o espíritu etéreo, puro y vital. Penetra en todos los cuerpos y en el del hombre tiene su asiento en la sangre, donde existe como una energía peculiar que le permite actuar a distancia mediante la fuerza de voluntad e Imaginación. También afirmó la idea de polaridad o la dualidad del magnetismo, que según dijo se componía de un principio vital y de un «principio de voluntad». El primero existe en la carne y en la sangre del hombre, el segundo pertenece al alma o a la consciencia. Pero como el alma y el cuerpo no son entidades separadas ni distintas, sino que juntas comprenden un todo, así el magnetismo es uno, manifestándose en diferentes principios y en diferentes planos.

Sendivogius, el gran alquimista, escribió: «Que el investigador de esta ciencia sagrada (que investiga el conocimiento de la Luz Astral) sepa por lo tanto que el alma del hombre, el mundo más pequeño o microcosmo, sustituyendo el lugar de su centro, es el rey, y está colocada en el espíritu vital en el libro más puro. Gobierna la mente y esta gobierna el cuerpo». Es sobre esta afirmación, la filosofía que subyace en este postulado, como se ha construido la hipótesis del magnetismo vital como la llave que abre el umbral del misterio de la luz astral y de la alquimia.

William Maxwell, contemporáneo de Von Helmont, mantuvo puntos de vista similares, algunos de los cuales son curiosamente como los de las emanaciones o radiaciones del cuerpo, apoyados abiertamente en varios medios científicos modernos. Maxwell observó: «Todos los cuerpos emiten rayos corpóreos que sirven de vehículos a través de los cuales el alma transmite su influencia, comunicándoles su energía y poder de acción; y estos rayos no son solo corpóreos, sino que incluso están compuestos de varias clases de materia. El remedio universal no es otro que el espíritu vital reforzado en un sujeto adecuado».

Sebastian Wirding, sabio, médico y filósofo de la misma generación, afirmó: «EL MUNDO ENTERO EXISTE MEDIANTE EL MAGNETISMO; todas las vicisitudes terrenales ocurren a través del magnetismo; la vida se conserva por el magnetismo; todo funciona por el magnetismo».

Pasajes similares se encuentran en las obras de Paracelso y de una pléyade de autores importantes de aquellos siglos y también de siglos posteriores. Todos afirman la existencia de un ÉTER UNIVERSAL, el medio de la luz y de la actividad del pensamiento. Ese éter lo representaban interiormente en el hombre por un espíritu vital o magnetismo que irradiaba y emanaba una influencia vital, que procedía de él, sutil e invisiblemente. Esta fuerza espiritual, en teoría, podía ser controlada y manipulada con fines curativos mediante una transmisión voluntaria a través de las manos, o mirando directamente a los ojos de un individuo enfermo. Pero solo cuando estudiamos a Mesmer y a sus discípulos nos damos cuenta de la superioridad de su formulación teórica del concepto del magnetismo y de las ventajas de su particular planteamiento.

Franz Anton Mesmer nació en Austria en 1734, y en 1766 se doctoró en medicina. En su discurso inaugural manifestó que el Sol, la Luna y las estrellas están mutuamente afectados y causan las mareas, no solo en los océanos y en los mares, sino también en la atmósfera. Fue su teoría de que afectan de forma similar a todos los cuerpos organizados por medio de un fluido sutil y móvil que él concibió que impregnaba el Universo y que asociaba todas las cosas conjuntamente en relación material y armonía. Su teoría incluía además la idea de que todas las cosas en la Naturaleza poseen un poder peculiar que se manifiesta por su especial acción sobre otros cuerpos. Es decir, que se trata de un poder físico y dinámico que actúa exteriormente, sin ninguna unión química y sin que sea introducido físicamente en el interior de la organización. Mesmer contempló también la idea de que todos los cuerpos orgánicos, animales, plantas, árboles, aguas y metales podían estar magnetizados. Con esto quería significar que podían estar cargados o impregnados de un caudal o corriente de energía vital. Esta vitalidad cósmica o magnetismo animal podía transmitirse, según manifestó, por contacto directo con un cuerpo ya magnetizado o por medio de las manos, de la mirada, o incluso de la voluntad. Como la luz y la electricidad, podía penetrar en los cuerpos sólidos y líquidos y por lo tanto pensaba que podía reflejarse en los espejos o superficies pulimentadas, especialmente en la dirección de sus polos.

A continuación transcribimos unas manifestaciones de Paracelso y luego continuaremos explicando lo mejor que podamos estos diversos significados del término Luz Astral.

Paracelso denominó principio de la vida a lo que estamos tratando, denominación propia de él y que no había sido utilizada antes y que yo no he visto así utilizada en ninguna otra parte. Lo llamó La Luz Astral —Archeaus— y lo definió de esta manera. No es una sustancia material, en la acepción usual de ese término, sino una esencia espiritual, presente en todas partes e invisible. Puede ocasionar o curar enfermedades según las condiciones bajo las que actúe, ya que puede ser pura o impura, saludable o envenenada por otras influencias. El organismo animal la atrae de su entorno y de los alimentos nutritivos que entran en su forma; puede asimilarlo y perderlo de nuevo. El «Archaeus» o «Liquor Vitae» constituye el hombre invisible. El hombre invisible está escondido en el hombre visible y tiene la forma del hombre exterior mientras permanece en el mismo. El hombre interior es, por así decirlo, la sombra o la contrapartida del cuerpo material. Es etéreo en su naturaleza y no obstante es sustancia; dirige el crecimiento y la formación y la disolución de la forma en la que está contenido; es la parte más noble del hombre físico. Así como la figura de un hombre se refleja en un espejo, también la forma del hombre físico se refleja en el cuerpo invisible.

El material anteriormente mencionado describía al Gran Agente Mágico de muchas y variadas formas. De las descripciones anteriores esto aparece sobre todo como relacionado con varios tipos de curaciones y esta es la forma en que lo consideraban en aquel tiempo.

No obstante, lo que nos interesa tratar aquí es la Clarividencia y no las curaciones ni otras cosas relacionadas con este Agente Mágico.

En el material antes mencionado conviene observar las veces que el Gran Agente se describe como

LUZ. Si adquiere mi libro ya mencionado y hace los ejercicios tal como allí se explica, será capaz de VER la Luz de la forma en que allí se ha descrito. (Ya he dicho esto antes y lo repito ahora que es muy importante que vea la Luz; ver la Luz significa la diferencia entre la conversación frívola y las cosas reales.)

Trataré ahora de dar una especie de resumen de las cualidades antes mencionadas reducidas a términos en que los podamos comprender y a descripciones que experimentará en cuanto emprenda el trabajo de los Planos Interiores al que me refiero de nuevo.

Para empezar: Cuando entra en los Planos Interiores con su propia consciencia clarividente, la primera cosa que no podrá por menos de darse cuenta es del Torrente de Luz Blanca que existe por todas partes. ¡¡¡Toda la sustancia entera de los Planos Interiores es Luz propiamente dicha!!! Además, ¡¡¡todos los objetos que ocupan los Planos Interiores se componen de esta misma Luz!!!

Para poner esto un poco más claro: ¡¡¡La Luz que inunda los Planos Interiores es también el MATERIAL del que están hechos y se componen los objetos y habitantes de estos Planos Interiores!!!

Después de haber profundizado hasta este extremo, iré un poco más lejos; en este punto me parece que estará usted preparado para captar otro gran concepto básico —pruébelo—, que es el siguiente. ¡¡¡La Materia del Plano Físico se compone de esta misma LUZ!!! Sin embargo, esto es un gran misterio y no se puede abordar del todo aquí ni incluso tratarlo demasiado profundamente. Sin embargo, esa concepción es un comienzo para usted en su camino hacia el completo dominio. Yo no sé cómo la luz se convierte en materia, es decir, cómo se condensa en materia física, ni incluso cómo la Luz se convierte en materia/objetos de los Planos Interiores, pero estoy completamente seguro de que esto sucede en alguna parte de esta forma, y que quien domine este misterio será efectivamente engrandecido.

Resumiremos ahora nuestra exposición, dentro de lo que podamos, acerca de la naturaleza de la Luz —y recuerde que estamos limitando este estudio de la percepción de la luz al aspecto de la CLARIVIDENCIA. El objeto de este libro es educar a nuestros lectores sobre el conocimiento de LO QUE se supone que es usted capaz de VER, y luego continúa avanzando a partir de este punto y lo VE (y luego también seguirá el HACER pero este es otro tema). Por otra parte, como es muy usual, en las descripciones de los Planos Interiores de las Ciencias Ocultas no hay palabras bastante precisas en nuestro lenguaje para describir exactamente este Luz Astral de los Planos Interiores. Por tanto, utilice su propia comprensión hasta el límite —las palabras y significados que utilizaré aquí son solo aproximados—, trate de elaborar los suyos propios.

Así pues, antes de continuar, repetiré de nuevo: La sustancia entera y el área (?) situación (?) existencia (?) de todos los Planos Interiores es la LUZ. Sin embargo, esta luz es diferente en los diferentes planos. Desde el punto de vista de nuestra percepción, parece como si la Luz disminuyera en intensidad, se fuera apagando y se volviera más pequeña cuanto más se acercase al Plano Material. Esta idea no nos parece demasiado antinatural. Podemos comprender una condensación —un proceso de ralentización.

En esta sección me limitaré al «área» que está precisamente encima del «etérico superior» —donde se convierte en el «Astral Inferior». No es un «buen lugar», pero debemos empezar por algún sitio. Lo que yo deseo puntualizar antes de continuar es que la Luz difiere perceptiblemente en diferentes «capas» de diferentes planos. La Luz del Etérico Inferior es muy diferente de la Luz del Etérico Superior Astral. Por ejemplo, la Luz del Etérico Inferior es un poco más diminuta, y los puntos de movimiento lento de los colores luminosos apenas pueden «verse» a no ser que se examinen atentamente, mientras que la Luz en el Astral Superior aparece separada, destelleante, con colores brillantes, deslumbrante, tal como aparece en una masa de colores destelleantes (más detalles sobre esto serán publicados en un próximo libro).

Otro motivo para elegir este punto en particular para empezar a describir la Luz Astral se debe a que este es el «punto» en el cual yo entro usualmente en los Planos Interiores durante mis proyecciones clarividentes (transferencias de consciencia, pero yo utilizo el nombre antiguo de proyección y clarividencia como lo usa todo el mundo). Generalmente entro precisamente en el «borde» superior del Etérico Superior y me paso hacia el Astral Inferior por la progresión natural descrita en mi libro anteriormente mencionado. Debo añadir que, según las descripciones de los sueños de la mayoría de la gente, este punto de entrada parece ser muy natural y usual.

Durante años estuve muy desconcertado y perplejo con respecto a mis sueños, y posteriormente en mis primeras proyecciones clarividentes sobre el usual «curso de acontecimientos» durante un sueño, y después ocurrió lo mismo durante las proyecciones, en cuyo sueño o proyección pude por primera vez pasearme libremente de forma clarividente y después, un poco «más tarde», me fue imposible «andar», «correr» ni efectuar ninguno de los movimientos anteriores de tipo físico. Mis investigaciones sobre los Planos Interiores me han proporcionado el convencimiento de que todos los planos difieren grandemente los unos de los otros, y lo que es un movimiento clarividente tipo físico en un plano no es el mismo método de movimiento clarividente en otro plano. En mi libro expliqué que en una proyección de clarividencia parece que hay una regla general según la cual una persona continúa proyectando «hacia arriba» una vez que se ha efectuado la entrada en los Planos Interiores. La facilidad de movimiento de tipo físico que yo experimenté primero fue debida a las «reglas» del Plano Etérico en el cual yo entré por primera vez, como ya dije antes, en cuyo plano los movimientos son más bien como en el plano físico, pero cuando crucé hacia el Astral Inferior los movimientos fueron diferentes. De hecho, en el Astral Inferior usted no se desplaza con movimientos físicos, sino que «vuela», «planea» o «se desliza». Al repasar lo que antecede, me doy cuenta de que me he apartado un poco del tema de la clarividencia, pero creo que esta desviación es más bien necesaria a causa de la naturaleza en gran parte desconocida de los Planos Interiores y lo que se supone que va usted a hacer allí y cómo va a hacerlo, y todo ese tipo de información. Para llegar a ser clarividente tendrá que entrar en estos Planos Interiores y ver usted mismo lo que pasa y, con el fin de que pueda ver, tendrá que saber qué tipos de movimientos puede hacer. Esta es la verdadera práctica de la Clarividencia y no cualquier falsa información que pueda obtener por otros medios.

Lo que antecede demuestra que hay varios planos diferentes a los que puede ir, y sus acciones sobre cada uno de ellos han de ser diferente en cada caso. Desarrollar una capacidad de clarividencia para conocer un plano no llevará automáticamente a otro plano diferente. A menos que sepa lo que está haciendo o lo que está buscando, el trabajo de sus Planos Interiores no será un buen trabajo, sino solo un trabajo a ciegas. Así pues, repito de nuevo: este es el motivo de que yo puntualice estos detalles sobre las condiciones correspondientes a los Planos Interiores. Esta será la última información de este tipo; desde ahora nos limitaremos a hacer una descripción del carácter de la Luz perteneciente al «área» del Plano Interior que estemos estudiando. Observemos y aprendamos los siguientes hechos sobre la Luz Astral.

El primer hecho relevante sobre la Luz Astral es que todo el espacio de los Planos Interiores está lleno de la misma. Es decir, que toda el área de los Planos Interiores se compone de Luz Astral. Lo que yo quiero decir con esto es, por ejemplo, que nuestro plano físico consta de Aire, Agua, de buena parte del Fuego visible y de buena parte de la Tierra visible. Estas formas físicas finales de estas Fuerzas anteriores son el extremo de la cola de dichas Fuerzas. Ahora bien, en los Planos Interiores todas estas fuerzas son no obstante la Luz Blanca Astral. Cualquier diferenciación aparente entre la atmósfera de los Planos Interiores y los Objetos en el plano son solo diferencias aparentes y no «reales». Hay que tener esto muy presente.

Ahora bien, después de que haya absorbido el concepto anterior podrá comprender la siguiente afirmación: Todas las «cosas» de los Planos Interiores están «acolchadas» y «flotan» en este mar de Luz. En otro sentido, este mar de Luz es más bien como un vasto Océano de Planos Interiores, en cuya «superficie» flotan los objetos que allí existen.

Más detalles. En este Océano de Luz Astral existen corrientes, similares a las corrientes de los océanos físicos de la Tierra Física.

La Luz Astral, cuando se junta, se «vierte» y «fluye» como el agua. La Luz puede ser agitada como el agua, puede formar olas, remolinos y corrientes en todas las direcciones. Del mismo modo, en las tormentas astrales se pueden producir olas, vientos y acciones similares. También hay formaciones parecidas a las nubes de diferentes clases de materia astral. El «Plano» correspondiente al plano astral y sobresale como una gran isla en medio de este Océano de Luz.

Asimismo, esta Luz, cuando se junta, puede convertirse en magnética por el hecho de que se puede hacer que actúe y que sea atraída por cualquier sustancia preparada para ser atraída por la misma. Se puede hacer que actúe como potente una corriente magnética.

La Luz puede ser fijada a objetos y personas «extrayéndola del Plano Astral y «bajándola» a los objetos y personas del plano físico, siendo esta la base de los Talismanes. Se reúne, se carga y se magnetiza una porción de Luz que luego se fija a lo que se desee y permanecerá allí fijada por mucho tiempo si se renueva de vez en cuando.

La Luz puede polarizarse, es decir, se puede ajustar para que reaccione en cualquier dirección que se desee. La Luz se puede ajustar para asumir un patrón dado y para que reaccione de acuerdo con dicho patrón.

La Luz «moja» como el agua y se puede enjugar como con el agua.

La Luz, cuando se magnetiza por una persona en particular, responde a las direcciones mentales y también a sus sentimientos.

Básicamente, es la manipulación de esta sustancia lo que tiene lugar cuando utiliza las técnicas de visualización-imaginación.

El exacto conocimiento de utilización del Gran Agente Mágico, la Luz Astral, es la base de todas las Operaciones Mágicas y, de hecho, la base de todas las Operaciones del Plano Físico en todo el mundo, ¿recuerda las palabras de la Tabla de Esmeralda?

«Este es el padre de toda la perfección, o consumación del mundo entero.»

Ahora voy a llamar su atención otra vez sobre el material que recomendé estudiar, del libro de Ocultismo *La ciencia secreta que está detrás de los milagros*.

Espero que habrá captado las conexiones básicas entre estas primitivas percepciones Kahuna y los escritos y las citas de los Gnósticos que usted conocerá. El Gran Agente Mágico antes referido es la sustancia «pegajosa» del Kahuna. Estúdielo de nuevo y haga las conexiones en su mente.

Las contrapartidas y el «otro» mundo

He proporcionado algunas ideas sobre la clarividencia que pueden conducir a diferentes tipos de aplicación en la utilización del poder en su vida.

En primer lugar di una aplicación clarividente que era pertinente a la utilización diaria de la clarividencia que ayudaba a vivir la vida diaria con más éxito. Al menos, este fue mi objeto.

Usted ya conocerá algunas aplicaciones de las ideas básicas «más profundas» de algunas de las bases-bases que subyacen en este Plano Físico nuestro, y algunas indicaciones veladas en cuanto a su uso. Se hizo todo lo posible para proporcionar un fundamento —*modus operandi*— y confío que empezará a utilizar estas cosas desde ahora en su vida.

Ahora introduciré otra concepción para que considere y pondere y vea lo lejos que desea buscar en esta concepción en los estudios de ocultismo en su vida. Esto puede ser de gran importancia para su modelo de vida ya que debería dedicarse a los estudios de las cosas más elevadas DESPUÉS de haber hecho un estudio y aplicación con éxito de estos sagrados principios de las Ciencias Ocultas a las formas «inferiores», pero necesarias, de sus modelos de vida. Quiero significar que debería aplicar todos los principios ocultos a crear y a vivir una vida material con éxito para que pueda tener tiempo libre para dedicarse a buscar lo que luego resultará ser el interés principal de su vida, la práctica con éxito de las Ciencias Ocultas.

Por lo tanto, introduciré aquí unas concepciones de lo oculto y me esforzaré para que se familiarice con ellas, y le recomiendo que las estudie lo más pronto posible para que ordene su vida diaria.

Ya mencioné antes, aunque no muy extensamente, la idea/doctrina de los equivalentes en las Ciencias Ocultas. El término equivalente, en Ciencias Ocultas, significa QUE CADA OBJETO FÍSICO EN ESTE PLANO FÍSICO EXISTE TAMBIÉN EN LOS DEMÁS INTERIORES, en alguna forma diferente, por supuesto, sobre una idea primaria básica en el Cosmos. Es necesario efectuar una gran cantidad de nueva investigación sobre esta idea de equivalentes que apenas la apuntan los pocos maestros posiblemente verdaderos de Ciencias Ocultas que existen. Probablemente hay alguna doctrina profunda de las Ciencias Ocultas que es muy secreta, pero usted va a obtenerla aquí, ahora, libremente y sin restricciones, junto con una amplia serie de instrucciones sobre su utilización, Mentalmente y Físicamente como eran; mentalmente aquí, ahora, y físicamente en el material de mi libro sobre Proyección Astral, para que pueda usted manejarlas «astrofísicamente».

También, podría puntualizar aquí que no solo todos los objetos físicos existentes tienen sus equivalentes en los Planos Interiores, sino que cada palabra hablada y cada acción pensada y cada sentimiento experimentado son registrados en el «éter», lo cual ha sido siempre imprecisamente mencionado como los registros «Akáshicos», etc. Pero el hecho es que, a pesar de todas las conversaciones y concepciones poco precisas sobre estos registros, están «allí», «en alguna parte», y se pueden «recuperar» y «leer» y, de hecho, usted efectúa este proceso mucho más de lo que se da cuenta en su vida diaria, y ahora que se le ha facilitado el proceso de las Ciencias Ocultas podrá hacerlo mejor.

Sin embargo, ahora nos interesan los «objetos» y no tanto los registros, por lo que volveremos a la doctrina básica de las Ciencias Ocultas de que cada objeto Físico tiene un equivalente «espiritual» «en el otro lado».

Algunas personas en la historia de las Ciencias Ocultas, especialmente durante el confuso periodo alrededor de los tiempos de Cristo (hace 2.000 años), por ejemplo, las Esencias que siguieron los Gnósticos y otros, avanzaron mucho en lo metafísico. Sin embargo, en los periodos que siguieron a este acontecimiento o periodo, sea lo que fuere, hubo mucha confusión de toda índole, en todas las direcciones. Finalmente, triunfaron los Materialistas y desplazaron a los espiritualistas e hicieron grandes esfuerzos para destruir sus escritos y literatura.

Pero en algún lugar, alguien hizo grandes descubrimientos acerca de las ideas de los planos y de las ideas correlativas de la existencia de equivalentes.

Si usted se detiene a pensar, no podrá por menos que darse cuenta de que gran parte de nuestra vida diaria depende de mucho más de lo que ven los ojos físicos. Nosotros reaccionamos a todos los tipos de ideas profundas y Fuerzas que vienen fluyendo hacia nosotros desde alguna parte ajena a nosotros mismos, y vivimos, accionamos y reaccionamos según los impulsos que recibimos de estas Fuerzas. Todas estas cosas están escondidas, como ya he dicho, pero están sugeridas por indicaciones antiguas y por terminología antigua. Quizá está previsto que todos deberíamos resolver estas cosas por nosotros mismos ya que se han difundido suficientes conocimientos para impulsarnos a pensar y a empezar a pensar por nuestra cuenta —para la búsqueda de este Tesoro de la Verdad—, para hallarlo y utilizarlo después y guardar silencio al respecto. ¡¡¡Que los demás lo encuentren por sí mismos o que se pasen sin él!!!

Ha habido una idea persistente, como dije antes, de que hay otros mundos además de este. Desde luego, esta idea de la existencia de otros mundos es vieja. Pero existe también ahora otra idea diferente. Al parecer, hay una idea definida de que ESTE MUNDO FÍSICO ES SOLO UNA MITAD DE ALGÚN OTRO MUNDO. Esta idea es una extensión de la simple idea de los equivalentes. Si hay equivalentes pequeños y simples, ¿por qué no puede haber equivalentes gigantescos? Una idea sigue a la otra muy de cerca.

Hay una forma de que usted pueda representar esta idea del «mundo entero» en términos del diagrama del Árbol de la Vida de la Cábala. Dibuje dos diagramas del Árbol de la Vida con las Tierras una en cada extremo y estudie cuidadosamente este grabado.

La próxima idea que nos viene a la mente es dibujar otro Árbol de la Vida colocado en posición vertical entre los dos primeros Árboles. Este tercer Árbol será una combinación del Árbol número uno y del Árbol número dos —y se «complementarán» los dos en uno.

Ahora bien, admito francamente que lo que antecede son solamente ideas, pero usted actúe como si fueran verdad y utilice su nueva capacidad de clarividencia recientemente desarrollada, para comprobar constantemente las ideas desde ahora en adelante.

También hay que considerar otra extensión de esta idea. Dion Fortune, en sus libros, habla de otro Árbol algo opuesto a nuestro Árbol que consta de Sefirots demoníacos de fuerzas no equilibradas, cada una de ellas opuesta a nuestra Fuerza equilibrada normal (que no está realmente equilibrada) en nuestro Árbol actual. Así pues, para ilustrar esta otra extensión de ideas, haga una copia a mano, para que pueda estudiarla, del diagrama siguiente:

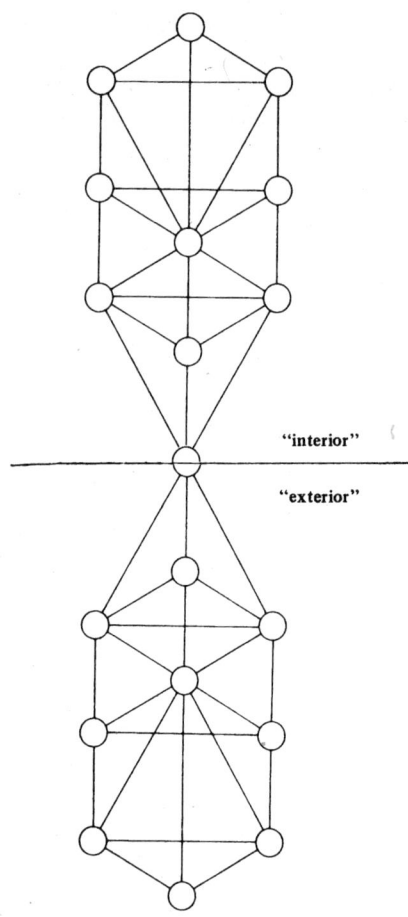

› *Haga muchos dibujos a mano como este hasta que capte la idea.*

Este diagrama llena, en cierto modo, las necesidades que detallamos anteriormente en la aparentemente necesaria estructura. Sin embargo, como ya he mencionado, actúe como si esta teoría fuera verdadera y vea adónde le conduce esta suposición. Use su clarividencia para cruzar el puente hacia la otra posible mitad de este mundo y vea si puede obtener algunas ideas sobre cómo unir las dos mitades y hacer un todo que actúe en favor de usted en su vida física.

Las ideas que anteceden —teorías que dan lugar a muchas posibles explicaciones sobre cómo la metafísica y los milagros y otras cosas parecidas han influido en nuestra pasada historia. Asimismo, esto nos da alguna pista sobre cómo los «tratamientos» para sanar de la Ciencia Cristiana y Unidad pueden «actuar» y de hecho deberían actuar también como «milagros» en santuarios y en peregrinaciones, etc. La persona que «ora» puede concebiblemente «tocar» o «alcanzar» las cosas del otro medio mundo opuesto y producir una «curación» o una plenitud que será equivalente a una curación. La idea antes mencionada de un medio mundo puede explicar incluso los procesos ordinarios de la vida cuando una persona mantiene un firme deseo de cierto objeto o condición, y ciertamente el objeto o condición deseado no está «aquí», pues de lo contrario no lo desearíamos. Seguramente estará allí, o lo estará la «otra mitad». Vuelva a examinar el material de mi segundo libro, *Arte y práctica de lograr cosas materiales con la visualización creativa*, con esta nueva idea en mente.

Estoy escribiendo este libro en la ciudad de St. Paul, Minnesota. La ciudad entera y la zona que va desde la misma hasta el Pacífico lleva la marca del trabajo de un hombre notable —un gigante, el constructor de ferrocarriles míster James Jerome Hill. Este hombre, casi sin ayuda, construyó un gran ferrocarril llamado Great Northern Railroad y convirtió el noroeste de los Estados Unidos en un imperio.

Mucho antes de que yo llegase aquí oí la siguiente historia acerca de míster Hill. Se decía que cuando él decidía construir un ferrocarril o una extensión de un ferrocarril se sentaba tranquilamente y ¡Y CONSTRUÍA TODO EL FERROCARRIL EN SU IMAGINACIÓN! ¡¡¡Y CUANDO OÍA QUE EL TREN SILBABA Y QUE SUS CAMPANAS SONABAN, ENTONCES EMPEZABA REALMENTE A CONSTRUIR EL FERROCARRIL!!! Usted puede utilizar el mismo proceso en su vida, dentro de lo razonable, aunque probablemente no sea constructor de ferrocarriles. Pero practique utilizando este método incluso en las cosas más pequeñas hasta que esto se convierta en un buen hábito en su vida.

El ritual de la Cruz Cabalística para la visión clarividente especial

AHORA, en esta sección, nos estamos aproximando al final visible de este libro. He tratado de proporcionar a mis lectores todo el material vital posible para ayudarles a desarrollar una herramienta de trabajo para la clarividencia. Sin embargo, me quedé un poco sorprendido al leer en un reputado libro de ocultismo, precisamente en estos días, que el autor clasificaba a la clarividencia como algo de un dudoso origen psíquico.

Ahora bien, yo no desdeño nada, sino que hago de todo una base de estudio contemplación. Es cierto, según se refiere en el libro últimamente mencionado, que existe una gran cantidad de clarividencia en bruto, básica y elemental, y ya mencioné esto antes en mi libro, pero esta clarividencia en bruto puede refinarse y la persona se puede formar en ella después que haya emprendido un estudio más serio sobre las Ciencias Ocultas y esta formación es completamente natural y lógica.

Asimismo, espero que considere su posible desarrollo futuro en la clarividencia de forma seria. Pero si tiene aptitudes para hallar objetos perdidos o algo parecido, dedíquese a ello. ¡Yo mismo lo utilizaré! Y no deje que nadie menoscabe su don; pero si ve que sus amigos se ríen no les diga nada en absoluto sobre las Ciencias Ocultas. De hecho, una de las cosas que tendrá que aprender es a guardar silencio por lo que respecta a las Ciencias Ocultas, y verá que es mucho mejor así. Sin embargo, si desea divertirse un poco, observe y escuche de vez en cuando a sus amigos y enseguida se encontrará que está entrando clarividentemente en sus vidas y en sus asuntos y después, mediante una palabra aquí y otra allí, de vez en cuando, les sorprenderá por la evidencia de su percepción clarividente y aceptarán gustosamente su punto de vista (o le censurarán).

Por supuesto, repito, yo también confío que usted no hará nada descabellado que desacredite al movimiento del Ocultismo en general ni a usted en particular.

Nunca he dicho nada en mis libros sobre el sexo o las drogas y no voy a empezar ahora. Si en su trabajo de ocultismo descubre que surge algo relacionado con el sexo, descártelo y trátelo como enteramente separado y aparte. No lo relacione de ninguna forma con su trabajo de Ciencias Ocultas, sino solamente como lo harían un hombre o una mujer normales. Repito: TRATE EL SEXO SEPARADAMENTE.

Menos tengo que decir acerca de las drogas. En realidad, sé muy poco acerca de las mismas, y además estoy aburrido y cansado de oír hablar de drogas y redadas policiales en todo momento. Sospecho que gran parte del furor es debido a los activos esfuerzos por parte de los Departamentos de la Policía para mantener en marcha los asuntos de las drogas a fin de que puedan capturar fácilmente a los consumidores y proveedores de droga a su comodidad. Las drogas han de tratarse como un problema médico y psicológico y no como un problema criminal de incumbencia policial. La policía no puede resolver ni nunca ha resuelto ningún problema básico; cuando se enfrenta a un problema (está regida por Marte), lo único que puede hacer es usar la porra. Si esa porra no sirve, utilizará otra más grande, y si esta tampoco sirve utilizará otra aún más grande, y así sucesivamente, y nunca arreglarán nada.

Incluso la mayoría de crímenes corrientes se deben a factores básicos en nuestras vidas que ninguna acción policial puede corregir, y hasta que la sociedad empiece a corregir las bases, lo único que sucederá es que los policías golpearán a la gente (y quizá a usted) en la cabeza con porras más y más grandes hasta que, finalmente, se estropeen y haya que tirarlas por ser inservibles para estos fines.

Sin embargo, todo esto no constituye el tema de esta última sección; por lo tanto continuaremos.

En todos mis libros aparece una cosa que yo llamo ahora El Ritual. Los que hayan leído mis libros anteriores sabrán lo que viene ahora y confío que no se molestarán por esta repetición. Le aseguro de nuevo que en el principio y hasta la mitad de las Ciencias Ocultas, este Ritual es muy poderoso y valioso para usted.

Introduje por primera vez el Ritual en mi primer libro, *Arte y práctica de a proyección astral,* y entonces no tenía yo mucha idea de su valor. El Ritual lo encontré en varios lugares y en varios libros antes de que tuviera una idea luminosa clarividente acerca de sus usos básicos.

Reintroduje el Ritual en el segundo libro, *Arte y práctica de lograr cosas materiales con la visualización creativa*, con más refinamientos, y de nuevo en el tercer libro *Arte y práctica del ocultismo*, con aún más adiciones y algunas variaciones. La revelación real fue hecha en el tercer libro, que les recomiendo que lo lean, lo estudien y lo practiquen, en su propio beneficio.

Ahora vamos a tratar de nuevo del Ritual. Primeramente daremos al Ritual completo en la forma ordinaria para que usted lo estudie y lo practique, y después daremos la forma actual del Ritual adaptada a la clarividencia.

Si tuviese tiempo, desearía recopilar un librito completo sobre este Ritual solo con las muchas adiciones para las diferentes clases de los trabajos Mágicos de Ocultismo.

He aquí el Ritual normal para el trabajo normal.

Para empezar:

1. Tóquese la frente y diga ATOR (Tú eres).
2. Tóquese la parte inferior del pecho y diga MALKUTH (El Reino).
3. Tóquese el hombro derecho y diga VE-GE-VURAH (y el Poder).
4. Tóquese el hombro derecho y diga VE-GE-DULAH (y la Gloria).
5. Juntando las manos y los dedos delante de su pecho diga LE-OLAHM (para siempre AMÉN).

A continuación, póngase de pie en el centro de una habitación lo más grande posible. Sitúese mirando hacia el Este. Visualice una daga de acero en su mano derecha. (He aquí ahora el primer trabajo que tiene que realizar. Tiene que hacer algo para que tenga un modelo real de daga a visualizar y deberá memorizar y concentrarse para que pueda recordar la imagen y que vuelva rápidamente a la mente.)

El esmero y precisión de su trabajo en establecer esto, y los demás modelos con fines de visualización, será el grado de precisión Mágica que alcanzará en su trabajo Mágico).

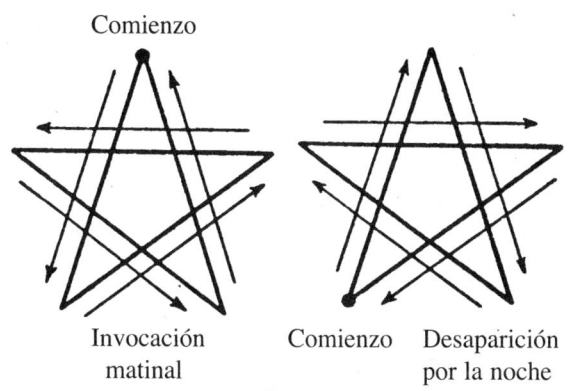

Diagrama A

«Mantenga» su imagen de la daga en su mano derecha y dibuje en el aire en frente de usted una gran estrella según el ejemplo que se indica en esta página. La estrella se deberá dibujar de diferente forma, según sea por la mañana o por la tarde/noche. Practique dibujando estas estrellas varias veces hasta que pueda hacer una estrella sin movimientos desiguales. Puede practicar dibujando algunas estrellas en una hoja de papel. Mantenga bien las proporciones de la estrella. «Trace» los movimientos deliberadamente y lentamente.

Después de que haya perfeccionado estos movimientos, añada al ritual el siguiente material. Coloque una cucharada de alcohol o de güisqui en un platillo.

Prenda fuego al líquido y fíjese cuidadosamente en el color azul de la llama. (Pero tenga cuidado, ¡no vaya a quemar la casa!) Mantenga fija en su mente este color azul de la llama y también la forma en que la llama se agita. Practique hasta que pueda visualizar el color y la oscilación de la llama y recuérdelo todo para poder memorizarlo perfectamente.

Ahora podrá proseguir con el ritual principal. Colóquese mirando hacia el Este. «Tome» su imagen de la daga de acero en su mano derecha, visualice la daga dibujada en la llama azul oscilante. Haga una estrella de pentagrama, según la hora del día, y visualice la estrella dibujada en la llama azul. Luego pronuncia el nombre YHVH (YOD-HEH-VAV-HEH).

«Vea» ahora, a través del centro de la gran estrella dibujada en la llama, un bello amanecer. Nubes rosadas. El Este es el Cuarto del AIRE, POR LO TANTO SIENTA EL AIRE. Imagine y sienta una brisa fresca y suave procedente de las nubes del amanecer y que va pasando por encima y a través de usted una y otra vez. El nombre de este Viento del Este es EURUS; por lo tanto, llámelo así.

Después de que se encuentre satisfecho con el AIRE, borre la escena suavemente de su imaginación y continúe en forma de círculo con su daga de la llama hacia el Cuarto del Sur. La línea del círculo, entre las estrellas, también se compone de la llama azul oscilante.

Cuando haya girado hacia el Sur, haga la Estrella y después pronuncie el nombre ADNI (AH-DOH-NAI). A través del centro de esta estrella del Sur, «vea» la siguiente escena. Una escena de una isla tropical. Aguas cálidas y azules del mar batiendo contra los arrecifes de coral. Más allá de los arrecifes de coral están las blancas y largas playas, y más allá de las playas crecen palmeras que se mecen suavemente en el cálido viento tropical. Sienta este cálido viento saliendo desde el centro de la estrella y llegando hasta usted y calentándole todo su cuerpo. El nombre de este Viento del Sur es NOTUS, así que aplíquele este nombre y llámelo así.

Cuando haya terminado con el Sur, bórrelo suavemente de su mente y continúe haciendo el círculo de fuego azul hacia el Oeste. Allí haga su Estrella de llama azul y pronuncie el nombre AHIH (EH-HE-YEH). Visualice una cascada cayendo sobre un acantilado y llegando a las rocas a sus pies, despidiendo una nube de niebla y de agua pulverizada. Sienta esta niebla de agua pulverizada en su rostro como una lluvia apacible. Sienta la humedad y el frío por todo su cuerpo. El nombre del Viento del Oeste es ZEPHYRUS; por lo tanto aplíquele este nombre y llámelo así.

Cuando haya acabado con el Cuarto del Oeste continúe, con su daga de llama, el círculo alrededor del Cuarto del Norte; trace la estrella de fuego y llama y pronuncie AGLA (AH-GAL-LAH). El Norte es el Cuarto del Elemento de la Tierra. Estos cuartos no tienen ninguna relación con las ideas materiales normales de AIRE, FUEGO, AGUA Y TIERRA, sino que solo se refieren a las CUALIDADES DE ESTOS ELEMENTOS. Por ello, NORTE, el Cuarto de la Tierra no es el Polo Norte de la Tierra, sino que es el NORTE, EL CUARTO DE LA TIERRA en el que todas las demás Fuerzas elementales finalizan. Repito esto: todas las «fuerzas» que pasan al «EXTERIOR» DESDE EL «INTERIOR» finalizan en el Cuarto Norte de la Tierra. Por consiguiente, LA TIERRA es el gran almacén FINAL de TODAS LAS FUERZAS. ¡¡Y ESTAS FUERZAS SON TODAS LAS COSAS!! Usted encontrará en LA TIERRA todas las cosas que está buscando y que necesita para hacerle feliz.

Así, cuando visualiza el Cuarto de la Tierra a través de la estrella de llama azul, primero visualiza usted grandes campos de cereales maduros y grandes campos de maíz maduro y otros cereales ante usted. Más allá de estos campos hay grandes huertos de árboles frutales llenos de todo tipo de frutas. Más allá de los huertos se extienden grandes zonas de hierba en las que pacen grandes rebaños de animales. Más allá de los rebaños comienzan los bosques de árboles y después de los bosques hay montañas.

Y estas montañas están llenas de minas de minerales que utilizamos en nuestra vida diaria; y las cimas de las montañas están cubiertas de nieve y hielo. Al fundirse la nieve y el hielo se produce una abundante cantidad de agua que desciende para regar y nutrir a los seres vivientes que crecen más abajo. TODO ES PAZ Y PLENITUD, TODO ESTÁ LLENO DE LAS COSAS QUE USTED NECESITA PARA CONSEGUIR UNA VIDA PLENA Y FELIZ. El nombre del

Viento del Norte es BORUS; por lo tanto aplíquele este nombre y llámelo así.

Cuando haya terminado de trabajar con el Cuarto del Norte, continúe el círculo de llama hacia el Este y finalícelo allí, donde comenzó. Deberá estar entonces completamente rodeado de un círculo de llama azul con una estrella en cada cuarto.

Cierre el ritual repitiendo el ejercicio de la Cruz Cabalística seguido de estas palabras y acciones:

Todavía mirando hacia el Este, ponga sus brazos en forma de Cruz y diga:

«Ante mí está Rafael.»
«Detrás de mí está Gabriel.»
«En mi mano derecha está Miguel.»
«Y en mi mano izquierda está Auriel.»
«Ante mí están las llamas del Pentagrama y detrás de mí brilla la estrella de seis rayos.»

Este es, pues, el Ritual básico, que ha de ser utilizado para el trabajo normal. Ahora consideraremos el ritual tal y como debe ser utilizado en la práctica de la clarividencia. El siguiente trabajo debe efectuarse antes de hacer el trabajo Ritual ordinario ya que la actividad debe realizarse pasando de un Ritual a otro sin interrupción.

1. Determinar la naturaleza de su cuestión de clarividencia.

2. Determinar qué Dios rige la naturaleza-objeto de su cuestión.

3. Usted encontrará que cada uno de los Cuartos, Aire, Fuego, Agua y Tierra, están conectados por una serie triple de Astro-signos.

Estos signos son:

Existe una pequeña confusión en esto, pero no deje que se susciten demasiadas cuestiones en su mente ni deje que le conduzcan a dudas respecto a la disposición anterior.

Tabla A

Aries, Leo, Sagitario	Fuego
Cáncer, Escorpio, Piscis	Agua
Géminis, Libra, Acuario	Aire
Tauro, Virgo, Capricornio	Tierra

La confusión puede surgir de dos formas, concretamente: 1. Cuando esté trabajando con cosas gobernadas por Kether y Chokmah, y 2. Cuando esté trabajando con tripletos de A que contengan a Piscis y a Acuario.

En el caso del número 1, en lo que se refiere a Kether, tendrá que utilizar el cuarto del círculo general del Aire para su trabajo. Y en el caso de Chokman y los objetos que gobierna, tendrá que utilizar el cuarto general del Agua. En el caso de Piscis y Acuario, existe alguna diferencia de opinión en algunas escuelas en cuanto a qué planeta-Dioses lo gobiernan. Algunas personas dan a Plutón, el planeta recientemente descubierto, un dominio sobre Aries. Además, algunos dan a Urano el gobierno sobre Acuario y algunos dan a Neptuno el domino sobre Piscis. Descartaremos todas estas cuestiones y daremos Aries a Marte, Piscis a Júpiter y Acuario a Saturno, como es usual y acostumbrado desde antiguo en estos ejercicios.

Habiendo seleccionado los signos triples que contienen el signo Astrológico regido por el Dios que gobierna el objeto con el que desea usted trabajar en la clarividencia por cualquier razón que tenga (acciones positivas y negativas), prosiga entonces como sigue.

Habiendo determinado que va a trabajar para obtener conocimientos, por ejemplo, sobre uno o varios Testamentos y habiendo terminado su Trabajo Ritual ordinario principal, se colocará hacia el Este.

Los Testamentos y las Herencias están gobernados por Saturno, y el Signo «principal» gobernado de Saturno es Capricornio, que es un signo de Tierra (Saturno también gobierna a Acuario, como ya se ha dicho, pero se sugiere también que no tenga en cuenta este doble dominio, de momento, hasta que se familiarice más en hacer selecciones).

Este asunto Ritual no es tan fácil de comprender, por lo que voy a repetir algunas de las instrucciones anteriores.

Comenzará la ceremonia comprobando y reuniendo primero la información necesaria, decidiendo lo que desea conseguir y comprobando los datos requeridos.

Usted está buscando obtener información de meditación sobre, por ejemplo, un Testamento o varios Testamentos. Descubrirá, al investigar, que en la lista de cosas indicadas anteriormente, los Testamentos están gobernados por Saturno y también, en cierta medida, por el signo Astrológico de Capricornio (no tanto por Acuario, el otro signo regido por Saturno, como descubrirá consultando cualquier libro corriente de Astrología). Observará que Capricornio forma parte de un conjunto de tres signos que se denominan de Tierra, de manera que el Cuarto del círculo Ritual con el que usted actuará es el Cuarto Norte del Cuarto Elemental de la Tierra.

Ahora bien, dejando de lado estos asuntos preliminares, podrá continuar con un Ritual en relación con la clarividencia.

En primer lugar, realice el Ritual usual de la Cruz Cabalística y el círculo de cuartos elementales.

Después, como ya se ha dicho, terminará este Ritual mirando hacia el Este.

Usted ha seleccionado el Cuarto Elemental Norte de la Tierra como el Cuarto en el que el Gobernante, en este caso Saturno, rige el signo astrológico de Capricornio, que es un signo de Tierra. Observará que este Cuarto Elemental del Norte estará, hablando físicamente, a su izquierda cuando finalice el Ritual. Será necesario que usted gire y que gire hacia el Cuarto designado, en este caso el Cuarto Norte de la Tierra.

En el proceso de hacer este giro, y todos los giros futuros en acciones futuras, DEBERÁ RECORDAR SIEMPRE QUE HAY QUE EFECTUAR EL GIRO HACIA ESE CUADRANTE GIRANDO HACIA LA DERECHA: NUNCA GIRE HACIA LA IZQUIERDA EN EL CÍRCULO.

Tipos semifísicos de clarividencia

PUEDE PARECER extraño oír hablar de tipos semifísicos de clarividencia en relación con algo que se considera generalmente «espiritual» o, al menos, «plano interior», pero una pequeña reflexión/ reconsideración le recordará aquel hecho anteriormente demostrado de interplanos de que todas las cosas están relacionadas mediante estos hilos «pegajosos» de Materia Astral. TODA LA «CLARIVIDENCIA» TIENE QUE VENIR A TRAVÉS DE ESTOS «HILOS», Y NO PUEDE VENIR DE OTRA FORMA. (Esto es una prueba casi positiva de que estos hilos existen.) Por lo tanto, se permite que usted utilice cualquier método o sistema que le ayude a reforzar sus contactos de conexión y control con estos hilos.

Deseo hacer aquí un paréntesis de unas pocas líneas. Escribo esto en mi ciudad natal mientras estoy aquí de visita. La otra noche fui a un cine de la localidad y vi una película que tenía un tema-idea curioso en su argumento. Dejando aparte el argumento principal, la idea secundaria era que en los primeros tiempos de una ciudad del Oeste existió/vivió un hombre al que llamaban El Oráculo, y cuando este hombre estaba bajo los efectos del licor ¡podía «adivinar» algunas cosas que sucederían en un próximo futuro!

No es probable que ese hombre existiera, y de haber existido no se le hubiera tomado en serio por la clase de personas que vivían en aquellos primeros días de los pioneros; pero introduciré esta historia para ilustrar el creciente interés que parece tener la gente por el Ocultismo, y estoy seguro que este interés surge del hecho de que el mundo ha entrado en la edad de Acuario, habiendo por fin dejado atrás aquella desafortunada edad de Piscis.

En dicha historia, este «Oráculo» era alcohólico y solo podía tener visiones cuando estaba borracho; esta idea es la que quiero tratar con usted aquí, y esta es otra razón para la inclusión de la historia.

Pudiera ser que alguno de mis lectores tuviera también una percepción clarividente elevada al estar bajo la influencia de algún tipo de estimulante y por lo tanto pudiera tener la tendencia al consumo de estimulantes para «funcionar» mejor. Pero yo no quiero que usted haga esto, ya que no deseo ser responsable de que le ocurra esto ni ser censurado por ello.

Lo que yo deseo es que desarrolle la clarividencia «natural» y bajo ninguna presión —ha de ser precisamente una de sus herramientas para servirle de ayuda en la vida; un medio para un fin y no un fin en sí.

Es cierto que los operadores de los antiguos Oráculos, tales como el Oráculo de Apolo en Delfos (vea este Oráculo en los mitos clásicos; vea también la respuesta-mensaje que el Oráculo de Apolo dio a los atenienses con ocasión de la invasión persa), empleaban a las mujeres, a las que llamaban Pitonisas, las cuales profetizaban después de masticar hojas de laurel nuevo (estas hojas contienen cianuro de hidrógeno, veneno mortal), de cuyos efectos morían finalmente envenenadas. Por lo tanto, no tome ningún estimulante, ¡por favor! Utilice simplemente estas instrucciones de forma natural y normal y sin forzar —¡obtendrá toda la información sobre clarividencia que necesita en su vida!

Ahora, con todos los temas anteriores eliminados, vamos a continuar. Mi intención era tratar en esta sección algunos tipos semifísicos de clarividencia, al menos de alguna clarividencia que tratase de tipos semifísicos de contacto como punto de arranque; muchos, muchos tipos de clarividencia no tendrán ningún contacto físico en absoluto, sino que serán estrictamente en todo momento totalmente mentales, como por ejemplo los procesos de meditación y contemplación en la clarividencia.

Sin embargo, existen muchos otros procesos de clarividencia que tienen por comienzo algún tipo de contacto físico. No soy capaz de mencionarlos todos ya que no me sé la lista completa. Muchos de estos son duplicados de otros y, aunque puedan parecer diferentes a primera vista, son idénticos o están muy relacionados.

Por ejemplo, una clarividencia del tipo de bola de cristal es un tipo semifísico de contacto y sin embargo no lo es tanto como otro tipo semifísico que explicaré más tarde en relación con este tema*.

Los reflejos hechos con agua vertida sobre una roca plana están muy relacionados con la bola de cristal. Max Freedom Long menciona en su libro *La ciencia secreta que esta detrás de los milagros* que este método lo utilizan los Kahunas hawaianos. Creo que ya he mencionado antes este libro, y ciertamente lo mencioné en la lista de lectura requerida en otros libros. Pero obténgalo y léalo y estúdielo atentamente ya que contiene muchos consejos valiosos para los estudiantes de Ciencias Ocultas.

También en relación con las bolas de cristal está la pieza pulimentada de carbón acanalado que fue utilizada por Dee y Kelly en su trabajo y que he mencionado antes en otra parte.

He oído a menudo que existe un tipo de sistema oriental en el que se utiliza una gota de tinta negra en la palma de la mano, pero yo no lo he visto nunca.

Estos son, pues, sistemas semifísicos. (Utilizo esta palabra porque no existe en el idioma inglés nin-

---

* Las bolas de auténtico cristal son, desde luego, muy costosas y difíciles de obtener. Una gran bola de cristal claro hará los mismos efectos que algunas modernas bolas hechas con plástico claro. Si está interesado en bolas de cristal, puede dirigirse a Llewellyn Pub. Co., y si supiéramos de alguna fuente de suministro podríamos informar a nuestros lectores. No podemos mantener correspondencia sobre este ni otros proveedores. Si obtenemos información, podremos informar, pero si no la obtenemos no nos será posible.

guna palabra realmente adecuada para este método/descripción)*.

En estos sistemas existe una observación de alguna forma de reflejo. Los ojos se «aburren» de la observación continua de un solo reflejo brillante y se ponen fijos, y LA VISTA SE DESVÍA HACIA EL INTERIOR Y CAPTA EL HILO ASTRAL APROPIADO.

Observe de nuevo que estamos hablando aquí de mirar o de observar algo y que, en todos estos casos, es también necesario que añada un poco de imaginación mientras mira PARA OBTENER LA VISIÓN QUE HA COMENZADO para «cebar» la bomba.

Asimismo, deberá dar tiempo al tiempo. Dé tiempo a que la «visión» actúe. Siempre deberá obtener algo, pero tenga paciencia con su evolución. Todo lo que podrá obtener realmente en un principio será una especie de indicación básica que deberá aprender a reconocer a medida que vaya obteniendo más experiencia.

Vamos ahora a considerar otro tipo de clarividencia llamada Psicometría, que yo clasificaré bajo el nombre de Clarividencia Física**.

La Psicometría consiste en tocar y manejar objetos físicos y dar luego una «interpretación» consistente en las IMPRESIONES que el lector obtiene del

---

* En todos estos sistemas de «mirar a los reflejos» hay presente cierto elemento de autohipnosis que yo no conozco mucho. Sin embargo, no se precipite en profundizar demasiado en la hipnosis. Tómeselo con calma.

** Asimismo, observo en una revista de psicología que esta operación la denominan «adivinación de un objeto dado». Tienen temor a utilizar la palabra adecuada, o sea, MÁGICO.

contacto físico con el objeto, cualquiera que este sea. Generalmente, se trata de artículos personales que pertenecen a una persona y que la misma utiliza, y estoy seguro de que no tengo que llamar su atención sobre los «hilos pegajosos» de nuevo, lo cual va unido a la persona y al artículo, sea lo que fuere y donde quiera que esté, en el espacio y en el tiempo.

Habrá que tener mucho cuidado al elaborar una interpretación psicométrica física personal, ya que esta interpretación no consta de palabras sino de sensaciones que deben ser cuidadosamente evaluadas, seleccionadas y separadas las unas de las otras y después, ante todo, deben ser interpretadas.

Hay muchas posibilidades de que la mayor parte de nuestros procesos de vida, día a día, consistan en nuestras reacciones al océano de impresiones psicométricas que recibimos en cada mano y de cada objeto y de cada persona con los que tenemos contacto. Tenga esto presente. Sugiero, además, que cualquier persona verdaderamente afortunada y feliz que encuentre es la que logra eliminar las impresiones no deseadas y solo reacciona a las impresiones recibidas que desea. Esta idea debería ser al menos investigada por usted.

Profundizando un poco más en esta idea, hice referencia —comparación— a la masa de impresiones psicométricas como «Océano». Recuerde el antiguo refrán en Ocultismo: como es arriba, así es abajo (y en parte, es cierto que como es abajo, así es arriba para las ideas como para los proyectos). Considerando aún más esta idea-símil de océano, es de observar que los océanos tienen «corrientes» y también «vientos» que soplan sobre los mismos y supongo que usted conocerá los cuatro vientos. Sugiero que nosotros estamos afectados por estas «corrientes» y estos «vientos», PERO PARECE QUE POSEEMOS UNA ESPECIE DE CAPACIDAD FUNDAMENTAL PARA SELECCIONAR Y ESCOGER, PARA ACCIONAR O REACCIONAR ANTE ESTOS MOVIMIENTOS.

Admito que esta «capacidad de elección» puede ser baja en algunas o muchas personas, pero estoy seguro de que todos la poseemos y de que puede ser desarrollada en todos nosotros. Yo no la poesía de forma natural, pero he conseguido obtener una gran cantidad de ella y he escrito un libro sobre cómo obtener cosas materiales.

Por tanto, volviendo a la psicometría, cualquier progreso que usted haga en relación con esto solo puede ayudar a beneficiarle en su vida diaria, ya que esta capacidad para seleccionar impresiones puede y debe hacerse extensiva a todos los procesos de su vida, como ya se ha dicho anteriormente.

Desearía poder proporcionar más información y conocimiento sobre este tema de seleccionar impresiones, pero sobre esto precisamente no se ha escrito nada, en detalle, anteriormente. Los que sabían, no lo dijeron, por lo que no conozco ningún material ni libros sobre este tema.

El público en general tiene conocimiento de estas cosas más bien instintivamente, como se podrá dar cuenta estudiándolas y estudiando el mundo que le rodea más de lo que ha hecho hasta ahora. Por ejemplo, ¿se ha dado cuenta alguna vez de que un buen mecánico o un buen carpintero nunca quiere prestar sus herramientas a nadie? Usted sabe el motivo: sus herramientas están relacionadas con él mediante las cuerdas Astrales pegajosas, y si otra persona utiliza las herramientas se trastornan estas cuerdas; si se trata de un mecánico altamente cualificado, será sensible y notará esto y se sentirá incómodo. Por lo tanto, no pida herramientas prestadas ni las preste tampoco.

Ahora, sin embargo, voy a contradecirme a mí mismo y diré: si está buscando éxito en algún aspecto determinado, lo que debe hacer es tener contacto con una persona afortunada tal como quisiera ser. ¡¡¡Trate de utilizar sus herramientas!!!

Nos estamos alejando de la psicometría, pero lo que yo deseo es que vea las grandes posibilidades que están presentes en estas cosas del Ocultismo en vez de los pequeños trucos del Ocultismo utilizados antes por la gente que ignoraba los usos más elevados de estas cosas. BUSQUE SIEMPRE LO MÁS ELEVADO.

Unas últimas palabras a este respecto y después volveremos a la psicometría física.

Hay un proceso del Ocultismo que, cuando se hace conscientemente, se llama Polaridad y que significa, como su nombre indica, una acción que implica la utilización de dos polos diferentes u opuestos.

La diferencia entre los dos polos es lo que constituye la mecánica de la polaridad. Esta diferencia puede ser cualquier cosa: caliente o frío, grande o pequeño, positivo o negativo, etc., y dar o recibir.

Ahora, aplicar dichos principios a los tipos físicos de clarividencia es fácil. Todo lo que tiene que hacer es comprobar en cuál de los Polos se encuentra:

¿el grande, dador positivo, o el pequeño, receptor negativo? Y, en el caso de que desee «interpretar» cualquier artículo por la psicometría, deseará recibir y no dar, por lo cual conviértase en polo receptor y no en polo dador.

Debo mencionar aquí otro tema, aun cuando tenía la intención de terminar de escribir sobre estas cosas y volver a la psicometría según he dicho anteriormente. Sin embargo, este es un lugar tan adecuado que me veo impulsado a decir que, con referencia a temas relacionados con lo que antecede —el polo fuerte y el polo débil—, cuando usted hace un Talismán (publicaré un libro sobre los Talismanes), emplea el principio mencionado. Usted es el polo «fuerte» y el Talismán es el polo «débil» y, en vez de recibir del Talismán, le está dando, lo que se denomina cargarlo. ¿Ve la diferencia? Por supuesto hay más cosas que tratar, pero habrá que esperar a la aparición del libro.

Ahora podemos volver a la psicometría-clarividencia física. Además de la sensación-manipulación de un objeto y de analizar la «sensación» de respuesta, es posible poner el objeto, si no es demasiado grande, en contacto aún más estrecho con un «centro de percepción que todos poseemos.

Repartidos en todo el cuerpo hay varios «centros» llamados Chakras en hindú, palabra que significa «rueda». El número de estos centros en el cuerpo es de siete. Corresponden aproximadamente a los puntos sensibles en la estructura del cuerpo; los cuatro Chakras inferiores corresponden al plexo y los tres superiores a las tres glándulas endocrinas, y como Dion Fortune dijo en uno de sus libros, una persona tendría que ser torpe si no se diera cuenta de esta correspondencia de hechos. Asimismo, los siete centros corresponden a los siete planetas que conocían los antiguos.

Las escuelas de seudoocultismo del tipo del «ratón asustado» tienen mucho que ver con estos centros Chakras y sus correspondencias planetarias y han hecho grandes esfuerzos para esconder el planeta que corresponde a cada Chakra, alegando que este conocimiento era «peligroso». No hay nada peligroso ni misterioso acerca de esto, la correspondencia es muy sencilla. Empezando en la base de la columna vertebral, los Chakras son, en orden ascendente, los siguientes: Saturno, Júpiter, Marte, el Sol, Venus, Mercurio y La Luna. Pueden también aprender los nombres en hindú, si lo desea.

No disponemos aquí de espacio para dedicarlo a un mayor conocimiento de estos Chakras —probablemente tendré que escribir un artículo completo aparte sobre estos, por lo que usted podrá adquirirlo en el futuro. Si tengo tiempo para hacerlo, contendrá mucha información valiosa sobre estos Chakras y cómo utilizarlos adecuadamente. Sin embargo, puede confiar en ellos, que trabajan automáticamente el 99,99 % del tiempo por lo que se refiere a su vida diaria.

Prosiguiendo, diremos que todo lo que nos interesa aquí ahora es la utilización del Chakra de Mercurio que está relacionado con la glándula pineal que está en la parte delantera de la cabeza. Olvidé explicar que cada uno de estos Chakras tiene una pequeña aura que lo rodea y que el contacto con el Chakra se efectúa a través de esta aura.

Ahora que se ha esbozado el anterior fundamento físico, podrá comprender el siguiente proceso de psicometría física. Si desea «leer» un objeto: un objeto que sea lo suficientemente pequeño para que lo maneje fácilmente, podrá y deberá obtener una buena lectura colocándoles en contacto con su frente y esperando luego a «ver» lo que «sucede».

Nunca olvidaré la primera vez que empleé esta técnica. No estaba buscando especialmente «leer» algo. Había encontrado una vez una bonita piedra en la orilla de un río en Russian River y estaba examinando esta piedra cuando decidí probar este experimento. Coloqué la piedra en mi frente y esperé. En primer lugar me vino al pensamiento Russian River (que está a unos 120 kilómetros de San Francisco), y después «se proyectó» en la pantalla interior de mi mente la más brillante foto-imagen mental que jamás he visto en mi imaginación. De hecho, fue tan viva e intensa la foto-imagen que me asustó y quité la piedra e interrumpí el contacto, por lo que la imagen se desvaneció. Por lo tanto, sé que el método funciona y que puede funcionar también para usted.

Este método de contacto con el aura de la glándula pineal es especialmente efectivo en el caso del Chakra de Mercurio, porque Mercurio está relacionado con la mente, y esta relación hace que la lectura sea más efectiva y que la respuesta se obtenga en foto-imágenes.

El uso de los otros Chakras, por este mismo método es más bien difícil, no solo por su posición sino porque las respuestas no se obtienen en foto-imágenes, sino en sensaciones que varían en la clase e intensidad y tipo. Usted podrá imaginar fácilmente que las «sensaciones» relacionadas con el Chakra de Saturno Son muy diferentes de las relacionadas con el Chakra de la Luna. Sin embargo, al reconsiderarlo, no hay motivo para que no pruebe el método de contacto con estos otros Chakras. Esto solo significa que tendrá que dedicar algún tiempo al estudio de estos diferentes tipos de sensaciones y a aprender a diferenciar los unos de los otros, lo cual, hasta ahora, todavía no he hecho —ni tampoco sé de nadie que lo haya hecho. Pruebe a hacerlo y vea el resultado.

Al probar este método de contacto en las auras de los otros seis Chakras, deberá tener en cuenta las divisiones naturales de cada uno con respecto a los demás. Cada uno de ellos gobierna una masa relacionada de sujetos no relacionados y habrá que tener mucho cuidado en mantener los sujetos separados. Por ejemplo, yo no sé cuál será el efecto, pero me parece que no será de ninguna utilidad tomar un sujeto/objeto relacionado con el Amor —Chakra de Venus, situado frente a la glándula tiroides en la garganta— y colocarlo en el aura del Chakra de Marte, frente al bazo. No veo cómo podrá obtener ninguna lectura en absoluto ya que Marte es la guerra y Venus es el amor, y los dos son incompatibles.

Por tanto, tenga mucho cuidado y sea precavido. Elija sus sujetos y sus correspondientes Chakras con sumo cuidado y consulte siempre los grabados y tablas dadas anteriormente para una correcta y comprensiva correspondencia, para el planeta correcto y para el Chakra correcto.

Ahora debo desviarme aquí por un momento y decirle y hacer hincapié, tal como hice en anteriores libros y artículos, que la clarividencia en todas sus formas ES UN ARTE, y como todas las artes ha de ser estudiada, practicada y dominada. Pero incluso prestándole un poco de atención de vez en cuando (si es que no quiere o no puede dedicar mucho tiempo a este Arte) le reportará beneficios ayudándole en su vida diaria, aunque le recomiendo que trate de desarrollarlo al máximo.

Podrá suceder, en caso de que sea sensible, que desarrolle una gran cantidad de clarividencia y que por tanto sea capaz de ayudar a los demás convirtiéndose en un clarividente profesional y ganándose la vida rindiendo este servicio a los que necesitan ayuda y asistencia.

Entre los muchos tipos de clarividencia disponibles hay uno que yo utilicé mucho cuando empezaba a dedicarme a este trabajo. Sin embargo, deseo hacer constar aquí que yo, Ophiel, soy operador/persona extraño por lo que respecta al trabajo del Ocultismo. Cuando me dedico a trabajar con material para un libro, voy directamente al tema, en profundidad y ME CONVIERTO EN ÉL. Luego, cuando el libro ha sido escrito y va de camino hacia usted, olvido ese material mientras me dispongo a escribir el próximo libro.

Por lo tanto, siento decir esto, pero no soy capaz de desempeñar ningún trabajo para usted, como ve, ya que solo soy un profesor y no practico. Lo lamento mucho, pero no veo ninguna solución a este respecto.

Prosigamos. Hay un método práctico de clarividencia más bien sencillo que puede usted efectuar fácilmente casi en todo momento. Simplemente relájese en una silla o en una cama o acuéstese cuando tenga tiempo (no vaya a la cama, pues si está usted demasiado confortable ¡¡se dormirá!!) y déjese transportar —al exterior, lejos. Deje que sus percepciones salgan, fuera, fuera. Esto es muy fácil de hacer y lo ha estado haciendo siempre de forma inconsciente. Todo lo que va usted a aprender es a hacerlo de forma consciente.

Mientras usted deja vagar sus percepciones, entrará en contacto con toda clase de capas de pensamiento-ondas y/o vibraciones.

Usted deberá registrar todo esto y recibir una impresión ¡del mismo modo que si fuera usted un receptor de radio!

No puedo darle instrucciones más detalladas sobre la forma de trabajar en este proceso, pero si se coloca en las posiciones físicas de las recepciones pensamiento-ondas, algo ocurrirá y usted lo sabrá y lo reconocerá cuando ocurra.

Cuando le lleguen estas ondas de pensamiento, analícelas sintonizándolas, dejando que usted mismo absorba las ondas y sintonizando las sensaciones que producen en sus Chakras —probando cada una de ellas sucesivamente, un Chakra deberá responder mediante una ligera vibración extra que podrá reconocer fácilmente, y ese Chakra es el que se refiere al sujeto del pensamiento-onda que usted recibe.

Ahora bien, no se sugestione ni imagine toda clase de cosas. Espere a que lleguen los contactos auténticos ya que llegarán a tiempo.

Este ejercicio sirve más bien para desarrollar las facultades que como trabajo práctico. Por algún motivo, durante gran parte del tiempo que está usted abierto a las percepciones ¡no ocurre nada! Por lo tanto, no hay mucho que recibir, solo cosas corrientes de naturaleza cotidiana y no muy apasionantes.

Solo se requiere un ligero cambio en el proceso mencionado para cambiar a la meditación y a la contemplación. La diferencia consiste en que en los procesos de meditación y contemplación usted tiene una búsqueda de conocimiento en meditación y una búsqueda de sintonización en la contemplación, y en esta sintonización en la búsqueda de conocimiento no tiene usted ni búsqueda de conocimiento ni búsqueda de conocimiento de objeto.

Continuemos con otra forma de clarividencia. A lo que me estoy refiriendo esta vez es a la técnica real de clarividencia en sí. La palabra clarividencia significa, como usted sabe, claro (luz) y videncia (ver). Le describiré varias normas por las que puede desarrollar esta visión de la luz: la luz de los Planos Interiores, la Luz Astral.

En este trabajo que sigue usted no verá en realidad más que LUZ. Si se efectúa correctamente, usted verá un suave resplandor durante casi todo el tiempo y, a veces, podrá ver una luz BLANCA deslumbrante que incluso cegará su único «ojo» interior.

Yo mismo me siento incapaz de transmitirle una idea clara acerca de cómo puede «ver» en los Planos Interiores. Naturalmente, no tiene usted ojos físicos bifocales —o sea dos ojos que ven un espacio ovalado en frente de usted. Solo tiene un «ojo único», pero ahora que pienso, las escenas de los Planos Interiores aparecen en tres dimensiones, lo mismo que aquí, lo cual no puedo explicar y sobre lo cual tendré que trabajar más adelante.

La Biblia, en algunos lugares, menciona el «ojo único» y usted descubrirá cuando «abra» por primera vez el ojo único en los Planos Interiores lo que esto significa. Esta es una verdadera afirmación correcta del Ocultismo que aparece en las «Sagradas Escrituras», y probablemente quedó allí porque los falsificadores que han amañado tanto la Biblia no comprendieron su significado y lo dejaron así.

De todas formas, mediante un proceso de crecimiento natural causado pensando sobre este tema, debería tener consciencia de un ligero y suave resplandor la mayoría de las veces que cierre usted sus ojos y desee «verlo». El resplandor está allí, todo lo que tiene que hacer es tener consciencia del mismo, como ya he dicho. Tan pronto como vea este resplandor lo reconocerá y reconocerá también lo que yo estoy explicando. El proceso mencionado es la primera de las diversas formas de desarrollar la clarividencia, la visión de la luz que he mencionado anteriormente.

Otro método de conocer la luz de los Planos Interiores está relacionado con la utilización de un método de proyección que se explica en mi libro *Arte y práctica de la proyección astral* que debería obtener, leer y estudiar si todavía no lo ha hecho.

En este libro se detalla un método de Proyección Astral denominado Método del Sueño, tomado de un estupendo libro sobre proyección escrito por míster Oliver Fox. Le recomendamos que obtenga un ejemplar para su biblioteca y para que pueda investigar.

En el Método del Sueño usted se para a la mitad y empieza a examinar los pormenores del mismo (la forma de efectuar esto se explica en los dos libros mencionados). Y es ahora cuando viene la diferencia entre una proyección de un sueño y una proyección clarividente. En la proyección clarividente usted examina o escudriña detenidamente los «objetos» en el sueño. Deberá encontrar y encontrará que el primer objeto «sólido» que aparece en el sueño está, en realidad, compuesto de pequeños «puntos» redondos de diferentes colores —rojo, naranja, amarillo, azul, verde, y otras mezclas de estos colores básicos. Y estos colores se mueven «fluyendo» de acuerdo con el objeto del sueño que está examinando. Los colores no interrumpirán su caudal/movimiento en ningún «momento». (No hay tiempo real «allí», hay cierto tipo de «tiempo» pero no el mismo tiempo que el de la Tierra.)

Los colores que ve en estos objetos del sueño SON las Fuerzas Elementales básicas que están presentes en Todas las Cosas Materiales. (¡Los objetos del sueño pertenecen al cosmos físico!)

Puede que tenga usted un poco de dificultad en retener las imágenes en color en su visión con un «solo ojo», ya que las cosas de los Planos Interiores son muy escurridizas y difíciles de conseguir de las operaciones regidas por leyes del tipo del Plano Físico, tales como los exámenes intensivos, pero actúe lo mejor que pueda.

Otro método, que es una extensión del método anterior, consiste en examinar los puntos de colores lo más detenidamente posible y después, cuando los puntos actúan y/o se desvanecen, para permitir que vaya hacia un ensueño de un Plano Interior, donde a menudo tiene lugar una especie de progresión automática y usted progresa a lo largo del plano y hacia el siguiente plano*. Y luego los puntos se convierten en grandes luces deslumbrantes de todos los colores. Además, estos colores son las Fuerzas básicas que componen el Cosmos Físico, ya mencionado anteriormente, pero aquí son más fuertes y más básicas, hasta podría decirse primitivas. ¡¡¡Y usted las está viendo!!!

Cuando alcance esta etapa estará realmente «viendo» por la visión interior Clarividente. Trate de retener y de estudiar estas luces de colores el mayor tiempo posible cada vez.

Si usted persiste en estos estudios de los Planos Interiores, podría llegar algún tiempo, como me ha ocurrido a mí varias veces, cuando los colores se desvanecerán y todos los colores serán sustituidos por una Luz Blanca cegadora. Una Luz Blanca que es tan brillante que no se puede ver ninguna cosa. No permanezca allí mucho tiempo, no es peligroso, pero no permanezca mucho tiempo, ya que vivimos en un mundo de cosas, no de Ninguna Cosa.

Hay otro método para ver la luz que deberá desarrollar, y esto en relación con el sistema de proyección Astral llamado el Método del Cuerpo de Luz.

Siga las instrucciones dadas en *Arte y práctica de la proyección astral,* pero cuando haya construido su Cuerpo de Luz Interior podrá entonces experimentar construyendo otras cosas para acompañarlo. Dele una habitación con muebles dentro, construidos con materia de LUZ de Planos Interiores, o de lo que quiera. Practique formando casi todo lo que le guste. Esta

---

* He mencionado antes esta progresión en otros libros en relación con otras operaciones.

práctica la necesitará cuando efectúe el trabajo de visualización detallado en el libro *Visualización creativa*. En este tipo de trabajo de Luz de Planos Interiores encontrará que el material de «luz» que utilizará será casi gris-blanco sin que haya colores en el mismo. Si persiste en su trabajo creativo, los colores aparecerán y esto será una señal de éxito en alto grado.

Siga las prácticas según se ha descrito. Están destinadas a que avance a lo largo de la «Senda» del Ocultismo y para proporcionarle experiencia en el trato de la Luz Astral de los Planos Interiores que es además todo lo que realmente es para el Cosmos este lado de la línea «Espiritual» que divide los dos estados diferentes, materia y pre-materia.

Un Espejo Mágico
y la clarividencia

Hay un concepto Mágico llamado El, o Un, Espejo Mágico. Generalmente, cuando una persona oye las palabras «Espejo Mágico» se imagina el Espejo Mágico de la malvada madrastra de Blancanieves y los Siete Enanitos (obra que yo vi otra vez recientemente) y ante cuyo espejo la madrastra dice: «Espejo Mágico en la pared, ¿quién es la más guapa de todas?». Hasta que un día el Espejo contesta y dice: «¡¡¡Tú no eres la más guapa!!!». ¡Y entonces empieza la diversión! No, no es este el tipo de espejo mágico.

El concepto de Espejo Mágico que yo deseo darle es mucho más profundo que esto. De hecho es tan profundo que estoy abrumado tratando de escribirlo completo para usted. No sé si seré capaz de hacerlo por completo en este primer intento y quizá tendré que dejar gran parte de esto para posteriores libros y ensayos. Ahora bien, como hay que tratar de comenzar, hagámoslo.

Empezaré de esta manera. Usted y todos los demás, y todas las cosas, animadas e inanimadas, están rodeadas por un Aura. Esta Aura tiene la forma de un huevo con el extremo pequeño en la parte inferior.

Estas Auras no son generalmente visibles con los ojos físicos excepto en situaciones y circunstancias particulares y peculiares, ninguna de las cuales puede ir aquí. Para el siguiente material tendrá que visualizar, en su imaginación, esta Aura que se extiende sobresaliendo fuera de su cuerpo y lo rodea completamente sobresaliendo unos tres pies (91,50 cm) y adopta la forma previamente descrita.

Tendrá que imaginar que la superficie del borde de esta Aura en forma de huevo es DURA , Y COMO LA SUPERFICIE DE UN ESPEJO REFLEJANDO EN SU SUPERFICIE INTERIOR EL IMPACTO-EFECTO DE LAS FUERZAS —VIBRACIONES QUE CHOCAN SOBRE LA SUPERFICIE DE SU ESPEJO MÁGICO DESDE FUERA— DESDE LOS LÍMITES EXTERIORES DEL UNIVERSO, TANTO DEL EXTERIOR FÍSICO COMO DEL INTERIOR DE LOS PLANOS INTERIORES. Y ESTO ES TODO, ALLÍ ESTÁ TODO PARA ELLO, EL MUNDO, EL UNIVERSO Y TODO.

Ahora, naturalmente, se preguntará, en este punto, si esta gigantesca concepción es verdadera, cuál es el mecanismo en y sobre la superficie de mi Espejo Mágico que hace esta conversión; ¿convierte las vibraciones en bruto en visión, sonido, olfato, tacto para que pueda yo percibirlo?

La respuesta es: La superficie del Espejo Magnético se compone de sus Poderes Mágicos de la existencia de sus Fuerzas Elementales personales, y lo que es más, yo no lo sé ni tampoco lo sabe nadie más.

¿Se imaginó alguna vez que poseía Fuerzas Mágicas como esta? Pues bien, las posee, así como muchas más, muchas más aplicaciones de las mismas. Y TODOS ESTOS PODERES DE LOS PLANOS INTERIORES Y PLANOS INTERIORES SE PUEDEN EXPLORAR Y ESTUDIAR Y PONER EN PRÁCTICA A TRAVÉS DE LAS ARTES APLICADAS DE LA CLARIVIDENCIA TAL COMO SE EXPLICA EN MIS OTROS LIBROS Y TAMBIÉN EN ESTE.

En realidad no hay ningún motivo para que nadie, ningún hombre ni ninguna mujer en esta tierra, deba sufrir de ningún modo o forma ya que todas las cosas en la existencia del Plano Físico no son nada más que el juego de las Fuerzas de los Planos Interiores en su Espejo Mágico de sensación o suma total de sus sentidos (o también denominado quintaesencia).

Ahora bien, esto no es tan sencillo como lo que antecede parece indicar. Hay una «Cosa» que los Científicos Cristianos llaman «una creencia» (en inglés: «a belief», «be»-to be-LIVE», es decir, estar-estar-VIVO) (estar-viviendo-en lo que usted cree-que está-vivo) (vivir como usted ES) (su concepción de usted mismo, con y «cepción», que quiere decir nacido) y «créame» esta creencia-concepción ¡puede ser y es muy Potente! Y es muy difícil de cambiar porque está enraizada en la Fuerza Elemental de la Tierra. (Examine las cualidades de la Tierra Elemental como se indican en este y en otro de mis libros.) Como usted sabe, yo escribí un libro que espero habrá adquirido, leído y puesto en práctica, que se titula *Arte y práctica de lograr cosas materiales con la visualización creativa,* y este libro contiene en detalle métodos para cambiar el/su mundo material, o simplemente para que se mejore usted Físicamente, el Plano Físico.

Por lo tanto, usted es, en un sentido categórico, el creador de su propio mundo dentro de su propio Espejo Mágico. Al menos RECIBE LAS IMPRESIONES QUE PRESIONAN DESDE EL EXTERIOR Y QUE LLEGAN DE MÁS ALLÁ DE SU CÍRCULO Y LAS TRADUCE EN TÉRMINOS DE SU EXISTENCIA EN EL PLANO FÍSICO, DIARIAMENTE, HORA A HORA, MINUTO A MINUTO. O puede también decirse que su vida dentro de su Círculo del Espejo Mágico ¡¡tiene lugar con el permiso de usted!!

¿Cómo entra la clarividencia en esta situación y, permitiendo que perciba y descubra la naturaleza de las Fuerzas que le rodean, cómo le enseñan a batallar y a vencer a sus opresores? (Creo que está empezando a ver que la clarividencia es algo más que leer unas hojas de té. Pero, no obstante, la lectura de las hojas de té es esencial, en su lugar, y lo que se necesita realmente es una persona que sea buena buscadora de objetos perdidos).

Recordará que, en otros libros, le di algunas instrucciones bajo el título de El Método del Símbolo, que sugiero consulte y lea de nuevo. Para el caso de que no conozca este método de proyección, le daré un breve resumen. (El Método de proyección del Símbolo es muy similar a la clarividencia, y los dos se mezclan entre sí muchas veces en las operaciones.)

En el Método de proyección del Símbolo se toma/selecciona un Símbolo, generalmente de color, y se observa atentamente bajo una luz, y luego se observa otra carta de color blanco. En la carta blanca usted deberá «ver» una imagen del símbolo en el color complementario. Después, siguiendo las instrucciones, proyecta hacia el símbolo. Este es, básicamente, el método de proyección del símbolo. Los que hayan visto la película de Walt Disney, *Mary Poppins*, recordarán que Mary Poppins, los dos niños y Dick Van Dyke «saltaron» colocándose en un grabado dibujado en una acera y tuvieron allí una aventura. Ahora bien, no es esto lo que yo quiero significar, pero esta descripción/secuencia tiene algo de verdad, en el sentido de que una proyección hacia un símbolo no se hace físicamente sino en la imaginación y siguen los resultados. (Siempre he intentado establecer contacto con Walt Disney y que me explique lo que hay de Ocultismo en sus películas, pues hay más de lo que parece a primera vista. ¡Walt Disney debe haber sido Ocultista!)

Recordará que le dije que mirase la esfera de sus sentidos que lo rodeaba como un espejo mágico en el que se veían las vibraciones procedentes del Cosmos como las «imágenes de la vida cotidiana se manifiestan a su conciencia y espero que habrá considerado este concepto de alguna forma.

Usted, y todos, deseamos mejorar y, además utilizar todos los medios físicos, nosotros estudiantes de las Ciencias Ocultas podemos utilizar los medios del Ocultismo, de los que la clarividencia no es el menos importante; y en este caso utilizamos la clarividencia para explorar la situación, para «reconocer el terreno» como era. Por situación quiero decir la situación física en que nos encontramos en este mundo físico del que ninguno está satisfecho, y todos algo mejor, mucho mejor.

La situación física en que nos encontramos está REFLEJADA EN NUESTROS ESPEJOS MÁGICOS PRIVADOS QUE NOS RODEAN COMO ANTES SE HA DICHO. CADA OBJETO, CADA SITUACIÓN, CADA COSA CON LA QUE TOMAMOS CONTACTO (O QUE TOMA CONTACTO CON NOSOTROS) (?) VIENE A NOSOTROS DURANTE EL TRANSCURSO DE NUESTRA VIDA DIARIA Y SE REFLEJA EN LA SUPERFICIE DE NUESTRO ESPEJO MÁGICO. Y además digo que no hay mucho más en nuestra Vida Física.

Espero, y ruego, que preste su máxima atención a los conceptos que anteceden y que se esfuerce en comprenderlos completamente y a fondo.

Ahora vamos a dar instrucciones para que usted las cumpla, pero nunca he tropezado antes con ellas ni con sus aplicaciones y yo no tengo muchas cosas que me guíen. Por tanto, preste mucha atención a estas instrucciones y examine el material en *Arte y práctica de la proyección astral*. Continuaré también en este trabajo/dirección en otros libros y me esforzaré constantemente en perfeccionar las instrucciones en su beneficio, por lo que utilice ahora estas instrucciones por si sirven de algo y compruebe los nuevos refinamientos que siguen, y cuando lleguen no diga:

¡Oh, yo leí esto antes! ¡¡Todo debería ser ligeramente diferente y mejor, y más preciso!!

Para empezar —he aquí lo que ha de hacer— (usted ha revisado el método del símbolo). Usted extrema su atención sobre algún reflejo (hablaré de esta forma desde ahora en adelante) de su Espejo Mágico, algún reflejo *que no le guste* y que a usted le guste desembarazarse de él o cambiarlo —concéntrese en él (no violentamente sino con calma). Aíslelo en la conciencia de su imaginación mental, aíslelo del resto de las demás cosas en la superficie de su Espejo Mágico y se destacará separadamente y claramente como una fotografía en su Mente Interior.

Cuando esto ocurra, deberá ser capaz de darle ENTRADA; una vez que esté «DENTRO» deberá ser capaz de SEGUIRLO «hacia atrás», hacia donde apareció por primera vez en su vida o, en términos propios del Espejo Mágico, donde apareció por primera vez en la superficie de su Espejo Mágico.

Por supuesto, no tengo ninguna idea de lo que está preocupándole/molestándole en la superficie de su Espejo Mágico, por lo que no puedo aconsejarle más plenamente sobre este respecto. PERO SU TRABAJO, DE ACUERDO CON LO ANTERIORMENTE EXPUESTO, DEBERÁ REVELARLE ALGUNA TEORÍA QUE LE SUGIERA ALGUNAS FORMAS PARA ALTERAR LA «COSA» SOBRE LA QUE ESTA TRABAJANDO*.

No estoy demasiado seguro y, por lo tanto, no puedo darle instrucciones precisas sobre cómo tratar con la Gente que aparece en el Espejo Mágico. Si esto es lo que le está preocupando, pruebe este método y vea lo que ocurre, pero ande con pies de plomo en el caso de la gente. Todo lo que está buscando ahora son Ideas sobre lo que está mal.

---

* Una denominación para describir esto, que no he utilizado antes, es la de «Anillo del Cielo». Estas operaciones se denominan Anillo del Cielo. (Tendré que comprobar el origen de esta denominación.)

Después de que haya efectuado su trabajo y le hayan aparecido algunas ideas sobre posibles correcciones, siga el material y los métodos que se facilitan en el segundo libro, *Arte y práctica de obtener cosas materiales con la visulizació creativa*, para corregir la situación según le ha sido revelada.

Esta aplicación del Arte de la Clarividencia es muy poco conocida en el movimiento de Ocultismo en general, por lo que deberá guardar silencio sobre su utilización y no deberá ir pregonando por todos los sitios lo que está haciendo. Tenga cuidado y, como se ha dicho anteriormente, vaya con pies de plomo en este sentido. Pero esto habrá de surtir efecto y entonces obtendrá resultados.

Las dos mentes

Se ha hablado mucho, a veces de una forma descabellada, acerca de las dos mentes que todos tenemos. Ophiel no es en absoluto ningún psicólogo reconocido, pero tiene un conocimiento más que normal sobre el tema, y especialmente sobre la relación del Ocultismo con este tema, y por lo tanto haremos primero una pequeña revisión.

Parece estar perfectamente establecido que, en el organismo humano, funcionan dos tipos diferentes de mente.

A estas mentes se les dan y se les dieron todo tipo de nombres diferentes en varias épocas, pero los nombres más corrientes y que parecen tener más aceptación y por los que son conocidas generalmente son mente consciente y mente subconsciente.

Tampoco aquí, en este librito, seremos capaces de adentramos en todas las ramificaciones de estas dos mentes y su intromisión en nuestras existencias, pero incluso un nítido arañazo en la superficie dará buenos resultados en el conocimiento; pero recuerde de nuevo que lo que sigue no es un conocimiento científico exacto, sino que se da solo en forma teórica con el fin de permitir que su mente capte las ideas Y LAS UTILICE en la manera Ocultista.

Comencemos de nuevo repitiendo que tenemos dos mentes —una llamada la mente consciente y la otra la mente subconsciente. La mente consciente es la que tratamos en la forma ordinaria— para utilizar en el Mundo del Plano Físico «Exterior» y que empleamos en todo momento, y la otra mente, la subconsciente (sub significa «debajo»), QUE UTILIZAMOS EN TODOS NUESTROS «TRATOS» CON LOS «MUNDOS» DE LOS PLANOS INTERIORES, QUE TAMBIÉN UTILIZAMOS, EN TODO MOMENTO, PERO CUYO USO ES MAYORMENTE AUTOMÁTICO Y EN GRAN PARTE ES INCONTROLABLE POR NUESTRA PARTE.

Por tanto, naturalmente se preguntará aquí, en este punto, si la acción de la mente subconsciente es automática e incontrolable, entonces, ¿cómo nos las arreglamos para utilizarla o para hacer que trabaje para nosotros?, y esta es una buena pregunta, y la respuesta es: usted que deberá empezar a formar esta submente para que trabaje para usted, pero con mucho cuidado, tranquila y suavemente. No trabajará nunca completamente para usted en el plano físico, pero podrá obtener de ella algo de trabajo, y ese trabajo puede ser muy valioso y útil para usted y, por supuesto, este trabajo está muy estrechamente relacionado con la clarividencia si no es realmente la clarividencia propiamente dicha en toda su plenitud.

El entrenamiento de la submente es una cuestión muy sutil. No existe ningún peligro en ello, lo peor que puede suceder es que no se obtengan buenos resultados apresuradamente, así como alguna confusión de ideas.

El entrenamiento de la submente es como el entrenamiento de su cuerpo físico para que permanezca debajo del agua durante periodos cada vez más largos. Usted está induciendo a su mente «escondida» a «salir» y funciona en el Mundo del Plano Físico, mientras que la existencia de su plano verdadero es el Mundo de los Planos inferiores.

Se pueden obtener muchos beneficios del funcionamiento de su submente en el mundo de los planos exteriores, siempre que pueda ser debidamente entrenada. La submente, poseyendo como posee acceso ilimitado al juego de Fuerzas de los Planos Interiores, puede predecir y calcular instantáneamente el efecto total de la suma de las interacciones que estas Fuerzas tienen la una sobre la otra y sobre su Ser. Y esta función del plano exterior puede ser, como he dicho, de gran beneficio para usted.

Puedo decir aquí que las dificultades que puedan surgir provienen, no del impacto de la información sobre usted, sino del difícil trabajo de obtener información «a través» de su plano inferior en una forma en que pueda comprenderla e investigarla.

Daré un ejemplo del poder de la submente tal como me lo explicaron a mí hace muchos años cuando empezaba a estudiar Ciencias Ocultas.

El cuerpo humano mantiene una temperatura constante en todo momento de 37 grados centígrados. La temperatura del cuerpo humano se mantiene «quemando» u oxidando el azúcar en los tejidos a un ritmo determinado —cierta cantidad de azúcar por unidad de tiempo.

Se comprenderá fácilmente que en invierno el ritmo de combustión es mayor que durante el calor del verano, y que es necesario efectuar ajustes en el ritmo de combustión. Esto queda claro, pero hay que tener en cuenta los cambios de temperatura que se producen en cuestión de horas durante todo el año y las alteraciones instantáneas constantes necesarias en el ritmo de la combustión. La submente al hacer estos cambios necesarios deja en mantillas al mayor y mejor computador del mundo hoy en día, el cual no sería capaz de efectuar los constantes cambios necesarios; y sin embargo, la submente de la persona más corriente es capaz de realizar fácilmente esta hazaña y de forma natural durante toda la vida.

Usted podrá darse cuenta con facilidad del tremendo potencial de las capacidades de la mente que tenemos dentro de nosotros si se aprovecha adecuadamente en nuestro beneficio especial; y sin embargo, estos tremendos poderes no están disponibles para nosotros porque esta submente funciona en los Planos Inferiores y no en el plano exterior, excepto si se entrena según se ha explicado.

Como antes se ha dicho, parece ser que algunos individuos tienen una capacidad natural para obtener la ayuda de sus submentes para solucionarles los problemas de sus vidas, por lo cual tienen suerte, pero en este libro estamos estudiando el problema para ver si nosotros, gente normal, podemos aprovechar algo de la submente para nuestro beneficio, y parece que podemos hacerlo.

Hay un tipo de trabajo-ejercicio que puede hacer, digamos, para inducir a la submente a funcionar en este Plano Físico exterior. Le puedo dár aquí tres ejemplos de los ejercicios que yo solía hacer, y luego deberá aprender a crear otros ejercicios de naturaleza parecida, para que los haga, que sean más apropiados a su naturaleza en particular.

El primer ejercicio que desarrollé y que utilicé fue el siguiente. Como usted sabe, cuando va a comprar una sandía quiere, naturalmente, la que está más madura. Ahora bien, hay dos formas de comprobar la madurez de una sandía. Una, que podríamos llamar el método OBJETIVO de la mente consciente, *per se*, es cortar un trozo de sandía y comerlo. Esta es una forma objetiva de la mente exterior y no deja ninguna duda sobre el estado real de madurez de la sandía mediante una prueba objetiva; y no se emplea en ella ningún tipo de pensamiento de la submente. (Me aparto aquí un momento del tema para decir que todos los ejemplos de ejercicios que doy tienen una alternativa objetiva como tienen, de hecho, todos los procesos de la vida.)

La segunda forma, no la objetiva, sino una forma subjetiva (de la submente), consiste en dar ligeros golpes o palmadas en la sandía y escuchar el ruido y juzgar por el mismo el grado de madurez de la sandía. Este método es también objetivo, pero no tanto como el de cortar la sandía, ya que en el mismo no se efectúa ninguna prueba positiva para evaluar el ruido que indique madurez, y esta evaluación del ruido varía según las diferentes personas y según los diferentes criterios, y aquí es donde entra en juego la submente. Y lo que sucede es que finalmente surge el mensaje correcto de la submente y se escoge la sandía correcta del montón, mientras que la persona piensa que ha obtenido el «mensaje» mediante el ruido producido por el golpeteo dado en la sandía.

Hay otro método de la submente que yo utilicé pero que no divulgué a mucha gente (lo utilicé para divertirme). A los que se lo dije me miraron de forma rara. Me colocaba frente al montón de sandías y me dirigía a las mismas expresando silenciosamente lo siguiente: «¿Cuál de vosotras es la mejor?», e invariablemente una de las sandías parecía decir: «Yo soy aquí la mejor sandía». Y yo la cogía e invariablemente era deliciosa. Como he dicho, es conveniente que pruebe también este método, pero no divulgue lo que está haciendo ya que algunas personas podrían tener otras ideas.

El proceso anterior es la realidad en la mayoría de nuestras acciones en este mundo; la respuesta viene de la submente, pero se confunde en la recepción final y se atribuye a alguna fuente objetiva física en vez de la verdadera Fuente Interior.

Me apartaré aquí del tema por un momento y diré que lamento tener que utilizar ejemplos corrientes como el de las sandías y los que siguen a continuación, pero hay buenas razones para esto: los ejemplos son cosas de todos los días que todos conocemos y utilizamos en todo tiempo Y LOS PRINCIPIOS QUE SIRVEN DE BASE A ESTOS EJEMPLOS SIRVEN DE BASE A TODAS LAS COSAS. Por lo tanto, no se deje engañar por la aparente sencillez de estas ilustraciones, SINO QUE ESTUDIE Y DOMINE ESTOS EJEMPLOS, y luego lo obtendrá.

El siguiente ejemplo es otro desarrollado por mí y en el que pasé una gran cantidad de tiempo utilizándolo y comprobándolo y desarrollé buenos resultados Físicos de las direcciones de los Planos Interiores. Es sencillo pero muy profundo y dinámico para hacer que la submente trabaje para usted.

Podría detenerme aquí un poco y llamar su atención hacia otro fenómeno que observará en este trabajo como yo lo hice. Como ejemplo se puede decir que el Plano Físico exterior es del dominio de la mente subconsciente. ES CURIOSO, PERO LA MENTE CONSCIENTE SE RESIENTE DESESPERADAMENTE DE LA INTRUSIÓN DE LA SUBMENTE Y SE RESISTIRÁ A BRAZO PARTIDO. Puntualizaré esto más tarde cuando surja (¡si no lo olvido!).

Resumiendo, hace algún tiempo tomaba té por la mañana, en vez de café. Utilizaba para ello leche en polvo mezclada con agua, que vertía en un cazo y la ponía a hervir y luego introducía el saquito de té.

Al verter la leche en el cazo pronto descubrí que, generalmente, echaba demasiada leche o demasiada poca cuando no me concentraba en lo que estaba haciendo y mi mente estaba pensando en otras cosas. Sin embargo, un día se me ocurrió QUE LA SUBMENTE SABÍA EXACTAMENTE CUÁNTA LECHE HABÍA QUE ECHAR Y LO HARÍA CORRECTAMENTE CADA VEZ, SIEMPRE QUE FUERA NECESARIO. Esta idea me impresionó un poco pero procedí a efectuar pruebas.

En poco tiempo esto funcionó y eché la cantidad exacta de leche. PERO la mente consciente objetiva empezó a poner reparos.

Primero me vinieron insistentes ideas de que yo debía marcar con una línea la altura de la leche en la parte lateral del cazo y llenar hasta dicha línea en vez de esperar el mensaje de «percepción» de la submente de que se había vertido bastante leche. Esta idea era suficiente para interrumpir el «mensaje de percepción» durante un rato y esta idea objetiva había de ser suprimida radicalmente.

Luego la mente consciente sugería de nuevo que lo que yo tenía que hacer era llenar primero la taza con leche y así medir el nivel de la leche sin necesidad de que la submente se entrometiera donde no tenía nada que hacer, y esta idea tenía que ser suprimida. En otras palabras, tenía más dificultad con la mente objetiva que con la submente. Finalmente, la mente objetiva empezó desesperadamente a arrojar dudas y temores con respecto a las pruebas, y había de vencer estas ideas, lo cual creaba aún más dificultades.

En vista de estas objeciones de la mente consciente, lo que se puede hacer es llevar a cabo las pruebas lo más tranquilamente posible y no despertarla en la forma en que yo lo hice. Todo esto puede parecer un poco extraño a primera vista, pero aunque *pareció* suceder en mi caso puede que no suceda en el suyo. He hablado como si estas mentes fueran independientes y por supuesto que no lo son, pero los efectos de entrenamiento de la submente para que trabaje en los planos exteriores produce sensaciones y efectos extraños, pero no se alarme, no es nada grave.

Le daré un ejemplo más de cómo hay que hacer para que la Submente Interior trabaje en el plano exterior. Hace algunos años yo solía conducir mi coche por un mismo recorrido cada mañana. Durante este recorrido, que se realizaba por una carretera sin peaje, llegaba a un punto en el que habían tres señales de tráfico. Si yo llegaba a este punto a tiempo «justo», las señales cambiaban tan pronto como yo llegaba y no tenía que esperar. Si no lo hacía así, tenía que estar esperando durante algunos minutos mientras que las tres señales efectuaban sus rotaciones.

Se me ocurrió que si yo conducía a la velocidad correcta después de entrar en este tramo de carretera, alcanzaría el punto donde estaban las tres señales exactamente a tiempo. También sabía que la submente CONOCÍA EXACTAMENTE la velocidad correcta a la que había que conducir para llegar a tiempo. El problema era cómo dejar que la submente regulase la velocidad MIENTRAS LO ESTUDIABA TODAVÍA. (Debo decir que tan pronto como empecé a estudiar este problema la mente objetiva se despertaba y surgía un conflicto, pero esto tampoco es probable que suceda en su caso ya que no va a estudiarlo ni a anotarlo como yo lo hice).

Finalmente, teniendo mucho cuidado y estando sosegado, logré que la submente regulase la velocidad, a través de mi pie en el acelerador, aunque esto no era del todo satisfactorio, ya que mi control no era siempre perfecto como se ha dicho, y muchas veces llegué al punto de intersección en el momento exacto y no tuve que esperar.

Ahora, en su trabajo experimental de la submente tendrá que desarrollar sus propios ejercicios, como los ejemplos que se han dado, y llevarlos a cabo con éxito. Tiene que dejar en libertad todo el control de la mente consciente y practicar dejando que la submente la sustituya, y esto da lugar a una sensación muy rara, como si fuera a perder el control sobre su mundo objetivo.

Practique esto hasta que note cierto grado de entrada de la submente en el mundo objetivo, que es todo lo que desea, un grado de entrada, y un grado es todo lo que necesita para mejorar grandemente y avivar su vida.

Y hay una ventaja adicional debida a esta entrada de la submente en su mundo objetivo. Como acabo de decirle, usted sabe que cuando la submente empieza a asumir el control en su mundo objetivo, la mente objetiva «se despierta» y empieza a cobrar vida y a trabajar. Ahora bien, este «despertar» de su mente objetiva representa también una ventaja para usted ya que entonces tendrá dos sistemas trabajando, y el nuevo estado de alerta adicional de la mente objetiva despertada deberá actuar en su beneficio y puede que sea todo lo que usted realmente necesita para hacer un buen trabajo en su vida.

Hay una ligera contradicción al final, pero no deje que esto le moleste demasiado. En mis experimentos me esforzaba en COMPROBAR los controles de la submente; pero usted buscará mejores resultados físicos en su vida y este puede ser su resultado.

El arte y la prática de la clarividencia

«La clarividencia es un poder perfectamente natural inherente a todos los hombres y mujeres.»

¿Acepta que esta manifestación es verdadera? Si no, este libro no es para usted. Si lo acepta, pero no se ha dado cuenta plenamente de su propio potencial clarividente, entonces este libro es para usted.

Utilizando el Árbol de la Vida Cabalístico como base de estudio, Ophiel le instruye a usted, estudiante, sobre la forma de desarrollar y utilizar sus poderes latentes de clarividencia. Este conocimiento le permitirá enfrentarse a la vida diaria con un poder y una comprensión que pudo sospechar que poseía pero que nunca ejercitó. Todo lo que se requiere es una mente perceptiva y atenta, y el deseo de hacer que su propio mundo sea un mundo mejor.

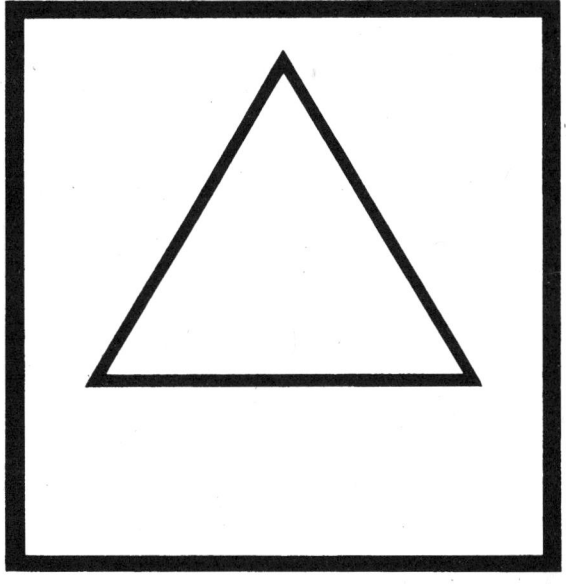

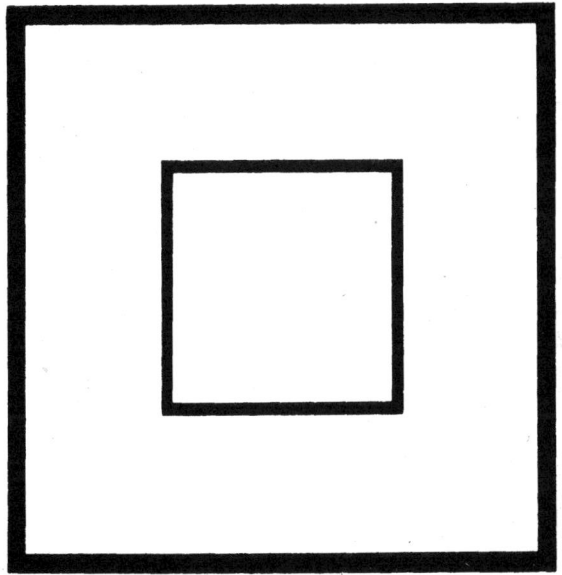